O Que Tem na Geladeira?
Preparar receitas saudáveis é mais simples do que parece. Saiba como transformar a compra da feira em pratos saborosos todo santo dia. São mais de 200 opções para variar o cardápio com legumes e verduras. Inclui receitas com carnes e grãos.

Também em e-book

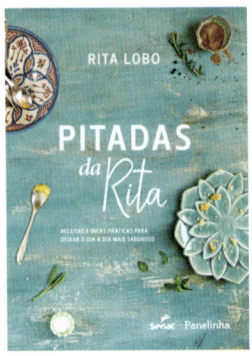

Pitadas da Rita
Este livro foi pensado para quem gosta de cozinhar e servir os pratos com estilo. Do dia a dia à ocasião especial, do drinque à sobremesa, da louça à trilha sonora. Tem sugestão para tudo isso!

Cozinha Prática
Um curso de culinária em 13 capítulos, muito bem explicados e ilustrados, com dicas, técnicas e truques de economia doméstica, baseados no programa de TV criado e apresentado por Rita Lobo. Conhece alguém que ainda foge do fogão? #Desgourmetiza, bem!

Também em e-book

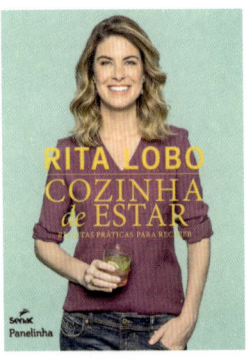

Cozinha de Estar
É o guia do anfitrião que vai cozinhar para os convidados. Além de receitas, tem tudo o que você precisa saber para receber um grupo de amigos ou mesmo o pessoal do escritório.

Também em e-book

JÁ PRA COZINHA

Só para um

alimentação saudável para **QUEM MORA SOZINHO**

RITA LOBO

 Panelinha

Consultoria nutricional do Núcleo de Pesquisas Epidemiológicas em Nutrição e Saúde, da Faculdade de Saúde Pública da Universidade de São Paulo

DADOS INTERNACIONAIS DE CATALOGAÇÃO NA PUBLICAÇÃO (CIP)
(JEANE PASSOS DE SOUZA - CRB 8ª/6189)

Lobo, Rita

Só para um: alimentação saudável para quem mora sozinho / Rita Lobo. – São Paulo : Editora Senac São Paulo; Editora Panelinha, 2019. (Coleção Já pra cozinha)

ISBN 978-85-396-2951-0 (impresso/2019)
e-ISBN 978-85-396-2952-7 (ePub/2019)
e-ISBN 978-85-396-2953-4 (PDF/2019)

1. Culinária 2. Culinária para solteiros 3. Culinária para iniciantes
4. Culinária para o dia a dia 5. Culinária com economia 6. NUPENS - USP
I. Título. II. Coleção.

19-1008t

CDD – 641.5611
641.512
641.55
BISAC CKB020000
CKB101000

ÍNDICE PARA CATÁLOGO SISTEMÁTICO

1. Culinária para solteiros 641.5611
2. Culinária para iniciantes 641.512
3. Culinária : Economia de recursos : Preparação de alimentos 641.55

*Ao JPM,
que me ensinou o prazer de cozinhar só para si*

Sumário

6   APRESENTAÇÃO

8   PARA COMEÇAR
Independência na cozinha

- 12   QUEM COZINHA PARA SI MESMO É MAIS SAUDÁVEL
- 13   RECEITA DE ECONOMIA
- 14   CLASSIFICAÇÃO DOS ALIMENTOS POR GRAU DE PROCESSAMENTO
- 16   **ULTRAPROCESSADOS: PASSE LONGE!**
- 18   **PLANEJAR, COMPRAR, GUARDAR**
- 23   **BOM DIA!**
- 24   FRUTAS TURBINADAS
- 26   PÃO E COMPANHIA
- 29   OLHO NO OVO

30   MAIS SABOR, MENOS LOUÇA
Em uma panela só

- 33   PIA SOB CONTROLE
- 34   BIFE COM PANZANELLA
- 36   PEIXE COM BATATA E ESPINAFRE
- 38   BISTECA COM FEIJÃO-BRANCO E BRÓCOLIS
- 40   GALINHADA DE CUSCUZ MARROQUINO
- 42   ARROZ SÍRIO COM FRANGO
- 44   RISOTO DE FUNGHI
- 46   BATATA ROSTI COM QUEIJO MEIA CURA
- 48   SHAKSHUKA COM GRÃO-DE-BICO
- 51   OVO EXPRESS
- 52   **RAPIDEZ É MASSA!**
- 54   MACARRÃO À PUTANESCA
- 56   MACARRÃO COM MOLHO DE CEBOLA
- 58   MACARRÃO COM CAMARÃO E ALHO

60   REAPROVEITAMENTO
O milagre da multiplicação

- 63   **CARDÁPIOS**
- 64   **SOBRECOXA ASSADA, ARROZ E LENTILHA**
- 66   SALADA ORIENTAL DE ARROZ COM FRANGO
- 67   SOPA DE LENTILHA E PÃO COM PASTINHA DE ALHO
- 69   **PRAZER, PANELA DE PRESSÃO**
- 70   **PERNIL NA CACHAÇA COM FAROFA DE COUVE E BANANA GRELHADA**
- 73   ROLINHO DE COUVE COM PERNIL
- 74   TORTINHA DE PERNIL COM VINAGRETE
- 76   **SALMÃO ASSADO COM ABÓBORA E SALADA DE TRIGO**
- 79   SALADA DE SALMÃO COM FEIJÃO-BRANCO
- 79   QUIBE DE ABÓBORA COM RICOTA E MOLHO DE IOGURTE
- 81   **BERINJELA E TOMATE ASSADOS COM ARROZ SETE GRÃOS**
- 84   BOLINHOS DE BERINJELA COM ESCAROLA REFOGADA

85	SOPA DE TOMATE ASSADO
86	**SALADA DE ABOBRINHA, POLENTA MOLE E CARNE MOÍDA COM CEBOLA CARAMELIZADA**
89	POLENTA GRELHADA COM ABOBRINHA E OVO FRITO
90	ARROZ COM CARNE MOÍDA E IOGURTE CREMOSO
92	**PAPILOTE DE FRANGO COM BRÓCOLIS E CUSCUZ DE MILHO**
94	SALADA DE CUSCUZ DE MILHO COM FRANGO E AVOCADO
95	ORECCHIETTE COM BRÓCOLIS

96 PARA CONGELAR
A máquina do tempo

99	**MANUAL DO FRIO**
104	BOEUF BOURGUIGNON NA PRESSÃO
108	MOLHO À BOLONHESA
110	QUIBE ASSADO COM CEBOLA
112	RAGU DE COSTELINHA DE PORCO
114	CURRY DE FRANGO
116	FRANGO À CACCIATORE

118 PRATOS COMPLETOS
Operação pê-efe

121	A DIETA BRASILEIRA
122	CONHEÇA OS GRUPOS ALIMENTARES DO PÊ-EFE
124	**FEIJÃO NO PRATO**
128	**ARROZ É UMA FESTA**
132	**QUAL O SEU GRELHADO?**
134	**FEIRA LIVRE**
136	ABÓBORA
139	BRÓCOLIS
140	CENOURA
142	COUVE-FLOR
145	REPOLHO
146	ESPINAFRE
147	CONGELADO TAMBÉM VALE
150	E AS FOLHAS VERDES?

152 INGREDIENTES E UTENSÍLIOS
Pegue um atalho!

154	CURINGAS NA DESPENSA
155	ESPECIARIAS
157	ERVAS FRESCAS
158	TEMPERO PRONTO (CALMA, É CASEIRO!)
159	REFOGADINHOS CONGELADOS
160	ARSENAL BÁSICO DE COZINHA

162	ÍNDICES
166	SOBRE A AUTORA E O PANELINHA
167	CONSULTORIA NUTRICIONAL

APRESENTAÇÃO

Cozinhar só para si, eu sei, não é uma tarefa fácil. Não tem aquele outro par de mãos para lavar a louça e os ingredientes acabam amarelando na geladeira — fora que comer a mesma comida todo dia é de tirar o apetite. Tudo isso é verdade. Mas para todos esses problemas você vai encontrar soluções neste livro. Mais do que isso: você vai descobrir que o tempo usado para preparar suas próprias refeições é um excelente investimento. É bom para a saúde, para a boa forma, para o orçamento e ainda pode ser uma diversão, um momento para desligar do mundo, desconectar do caos do dia a dia e se ligar ao essencial.

Não estou dizendo que você precise comer em casa todo santo dia. Uma das delícias da solteirice é poder fazer um programa de última hora, sem ter que se preocupar com almoço e jantar na mesa de segunda a domingo. Mas basear a sua alimentação em comida caseira é uma ótima estratégia para deixar a vida melhor.

Para quem mora sozinho, garantir comida de verdade em casa tem suas dificuldades específicas. Neste livro, os capítulos foram pensados a partir dos principais obstáculos da cozinha para um. Por exemplo: como lidar com a pia cheia de louça? Vamos usar menos utensílios! Logo no primeiro capítulo de receitas, apresento **refeições completas feitas em uma panela só**, e com medidas para uma porção. Acredita que dá até para fazer macarrão e molho em uma mesma panela? (É claro que não estou me referindo ao macarrão instantâneo!)

Outro problema: o desperdício de alimentos — dá até dor na consciência jogar fora aquela couve que amarelou. No segundo capítulo de receitas, você vai ver o milagre da multiplicação: **a partir do preparo de uma refeição, você terá a base para mais duas**. Quer um exemplo? O cardápio inicial tem salada de abobrinha (vamos usar só metade dela), polenta mole e carne moída (que você vai preparar um pouco a mais). Delícia, né? Na refeição seguinte, a outra metade da abobrinha vira um refogado, a sobra da polenta vai para a grelha e um ovo frito completa o prato. Na terceira refeição, a porção extra de carne se mistura com arroz ao estilo sírio, servido com iogurte. Você evita o desperdício e ainda economiza tempo.

Falta de tempo, aliás, é uma questão universal — e mais delicada ainda para quem tem que administrar a vida doméstica sozinho. Um dos aliados nessa tarefa é o congelador, que tem um capítulo feito especialmente para ele. Além de um pequeno manual sobre esse camarada, você vai encontrar **receitas que podem ser congeladas sem perder pontos no sabor ou na textura**. Prepare a mais, porcione, congele e tenha comida caseira sempre à mão.

A essa altura do livro, você já vai estar preparando refeições em uma panela só, reciclando alimentos e usando o congelador para não ter que cozinhar do zero todo dia. Só está faltando o bom e velho pê-efe no cardápio. Como é bom um prato feito com arroz, feijão, uns leguminhos e uma carne! O capítulo seguinte é para você conseguir garantir **arroz e feijão na mesa, sempre fresquinhos, sem muito esforço**. Com isso, está resolvida metade do cardápio. Aí é só escolher um grelhado e caprichar nos legumes e verduras. Vou mostrar os segredos de um filé suculento e muitas ideias para preparar hortaliças, variando os sabores com **temperos espertos e diferentes métodos de cozimento**.

Quer mais? Na última parte do livro, quando você já estiver dominando os básicos, vai ver **sugestões de utensílios que agilizam a vida e ingredientes que são atalhos na cozinha**. Mas, acredite, você não precisa deles para começar. (Não é à toa que estão no fim do livro!) Antes de colocarmos a mão na massa — usei o verbo no plural porque, de certa forma, vou estar na cozinha com você —, vamos também estudar alguns conceitos nutricionais. Logo no primeiro capítulo, você vai aprender a diferenciar comida de verdade de imitação de comida. Assim fica fácil fazer boas escolhas no mercado e passar longe das pegadinhas que prometem resolver as refeições em poucos minutos, mas acabam com a saúde.

Neste livro, apresento **mais de oitenta receitas e muitas estratégias para resolver o desafio cozinha × falta de tempo**. Mas o que eu espero mesmo é que você descubra que cozinhar vai além de preparar refeições saudáveis. É uma arma poderosa para combater um sistema alimentar que privilegia os ultraprocessados e está acabando com a saúde das pessoas. Mais: cozinhar é também uma forma de se ligar às coisas essenciais da vida, quase um exercício de meditação — só que, em vez de se concentrar na respiração, você foca na faca!

Estou torcendo para que, nas próximas páginas, você encontre o incentivo que precisa para cozinhar mais, preparar refeições saudáveis e saborosas e ainda se divertir fazendo isso. Se quiser, coloque o som na caixa — e já pra cozinha!

PARA COMEÇAR

Independência na cozinha

SABER PREPARAR AS PRÓPRIAS REFEIÇÕES É UMA EXCELENTE ESTRATÉGIA PARA MANTER UMA ALIMENTAÇÃO GOSTOSA, ECONÔMICA E SAUDÁVEL DE VERDADE. ACREDITE: LIGHT, DIET, SEM GLÚTEN E SEM LACTOSE NÃO SÃO SINÔNIMOS DE SAUDÁVEL. COM DICAS DE ORGANIZAÇÃO, PLANEJAMENTO E UMA BOA DOSE DE INFORMAÇÃO PARA ORIENTAR SUAS ESCOLHAS, A CARREIRA SOLO NA COZINHA VAI SER UM SUCESSO! VOCÊ VAI SE LIBERTAR DA COMIDA COMPRADA PRONTA — E ACABAR COM A DEPENDÊNCIA DO DELIVERY.

Muita gente conta que cozinha conversando comigo ou que ouve a minha voz quando lê a receita. Tem gente que coloca o pé no supermercado e me escreve nas redes sociais: *Isto é ou não é comida de verdade?* Se você é essa pessoa, espero que continue papeando comigo na cozinha e nas redes sociais, mas que não precise mais de mim na hora de fazer as compras. Este capítulo foi pensado para isso: **você vai ganhar autonomia na hora de escolher o que entra e o que não entra na sua cozinha e no seu prato.**

Além de muitas dicas práticas, incluí aqui uma tabela com a classificação de alimentos por grau e propósito de processamento. Ela vai ser a sua ferramenta para fazer as melhores escolhas e eliminar os ultraprocessados, aqueles produtos que imitam comida, mas são feitos e temperados na fábrica, com muitos conservantes e aditivos químicos. Agora, se você nunca ouviu falar no termo *ultraprocessado*, prepare-se: o seu entendimento sobre alimentação está prestes a mudar completamente!

À primeira vista, descobrir que aquele pão de fôrma integral light que você compra há anos é um ultraprocessado pode ser um choque. Mas como descobrir? Lendo a lista de ingredientes das embalagens. É um caminho sem volta: se tem ali algum ingrediente de nome estranho, que mais parece vir de um laboratório do que da despensa de casa, o produto é um ultraprocessado — e a melhor reação é deixar de fora do carrinho!

Para quem não cozinha no dia a dia nem tem o hábito de frequentar a feira do bairro, fica parecendo que não vai ter mais nada para comer. **Mas é o contrário: você descobre que pode comer de tudo, desde que**

seja comida de verdade. E, como bônus, não cai mais nas pegadinhas do light, diet, zero açúcar, sem gordura, sem lactose, sem glúten — produtos que só fazem sentido para quem tem alguma necessidade especial de alimentação.

Logo mais você vai ver a tabela dos alimentos e tudo vai ficar mais claro. Mas é com o tempo que as fichas vão caindo e o conceito de comida de verdade fica evidente. Pense o seguinte: todos os anos, você é impactado por bilhões investidos em marketing pelas indústrias para que você associe esses ultraprocessados a praticidade, a momentos felizes, a alimentação saudável — e não a obesidade e todas as doenças decorrentes dela. Não é do dia para a noite que você vai fazer esse *detox* mental. O que engorda não é comer arroz e feijão, pelo contrário! Os índices de obesidade no Brasil foram aumentando à medida que a população foi trocando a comida caseira por comida comprada pronta, feita e temperada na fábrica. Ou o tempero batido no pilão por cubinhos cheios de aditivos químicos. Ou ainda a água por refrigerantes, sejam eles com açúcar ou adoçante. É muita coisa para absorver de uma vez só.

Para facilitar, neste capítulo você vai encontrar dicas bem práticas para planejar o cardápio semanal, fazer compras, armazenar os alimentos e evitar o desperdício. E, claro, cozinhar! **Vamos começar pelo café da manhã? Tem ideias para incluir ou dar um upgrade nas frutas, o modo de preparo básico do cuscuz de milho e um jeito esperto de preparar uma boa tapioca, entre outras delícias.** Assim você pode riscar o pão de fôrma integral light da lista de compras. Mas isso não significa que precise riscar o pão da sua dieta! É só comprar pão de verdade, feito com farinha, água e sal.

QUEM COZINHA PARA SI MESMO É MAIS SAUDÁVEL

Você pode até ser o único habitante da sua cozinha, mas saiba que está sendo observado: a alimentação de quem mora só é um assunto tão importante que virou tema de muitos estudos recentes aqui no Brasil e lá fora. Ao ler esses estudos, preciso repetir aquilo que sempre digo: cozinhar é fundamental!

Parceiro do Panelinha desde 2016, o NUPENS (Núcleo de Pesquisas Epidemiológicas em Nutrição e Saúde), da Universidade de São Paulo, fez um levantamento de trabalhos publicados em diversos países sobre os hábitos alimentares de pessoas que vivem sozinhas. Realizou ainda, especialmente para este livro, uma comparação entre os dados referentes ao consumo alimentar de brasileiros que vivem sós e brasileiros que dividem a casa com outras pessoas, tendo como base a Pesquisa de Orçamentos Familiares, do IBGE.

Tanto as análises estrangeiras usadas como referência como o comparativo nacional trazem um alerta para os solteiros: morar sozinho e, consequentemente, comer sem companhia são fatores associados a hábitos alimentares pouco saudáveis. Logo mais, vamos nos aprofundar nesse assunto e descobrir como driblar os obstáculos da cozinha só para um. Mas tem ainda outro dado encontrado que merece destaque: de acordo com uma pesquisa realizada pela Universidade de Liverpool, entre homens mais velhos no Nordeste da Inglaterra, **os indivíduos que sabem cozinhar apresentam melhor saúde física do que aqueles que não conseguem manejar as panelas.**

O mesmo estudo mostra que homens que cozinham consomem mais verduras e legumes e, consequentemente, têm uma alimentação com mais qualidade. Além de outros fatores, a falta de habilidades na cozinha foi apontada como uma das barreiras que impediam os entrevistados de manter uma dieta saudável. Não é um exagero, portanto, afirmar que saber cozinhar é uma ferramenta essencial para cuidar da saúde. (Digo que é como ler e escrever: todo mundo deveria saber!) Essa habilidade vai garantir que você faça as melhores escolhas e não fique dependente da lasanha congelada comprada pronta nem entre em pânico quando a pizzaria encerra o expediente.

RECEITA DE ECONOMIA

Quanto você gasta comendo na rua? Qual porcentagem do seu salário é abocanhada pelo aplicativo de entrega de restaurantes? Muita gente nunca parou para fazer a conta, mas de acordo com a pesquisa da ABBT (Associação Brasileira das Empresas de Benefícios ao Trabalhador) realizada em cerca de 4500 estabelecimentos que aceitam vales ou tíquetes-refeição, **o brasileiro gasta, em média, 80% do valor de um salário mínimo por mês para almoçar fora durante a semana.***

Antes que você me interprete mal: não sou contra restaurantes, muito pelo contrário. Sentar à mesa e ser servido, comer bem, experimentar pratos novos, provar ingredientes de que você nunca nem ouviu falar e ainda não ter que se preocupar com a louça para lavar é uma delícia! Mas pagar para outra pessoa preparar seu café da manhã, almoço ou jantar é um bom negócio quando se trata de uma opção, não quando vira a única alternativa possível, por falta de jeito com o fogão. Cozinhar as próprias refeições pode representar uma economia e tanto no orçamento. Ainda assim, muita gente acha que cozinhar só para si não compensa — em parte porque nunca dá tempo de consumir tudo e a comida acaba indo parar no lixo. Com um pouco de planejamento, não precisa ser assim.

Mas aí pode vir a dúvida: fazer macarrão instantâneo e comprar comida congelada pronta para consumo não sai mais barato do que cozinhar para valer? No Brasil, ainda é possível comer comida de verdade sem gastar mais por isso. A dupla ponta firme arroz e feijão garante que uma alimentação saudável seja mais econômica do que consumir diariamente imitações de comida.** Já em países como Inglaterra e Estados Unidos basear a alimentação em ultraprocessados, de fato, custa menos do que comer preparações caseiras. Mas aí entramos naquela categoria do barato que sai caro: nessas populações, os índices de obesidade e doenças relacionadas, como problemas cardiovasculares, diabetes e alguns tipos de câncer, são altíssimos.

Quem cozinha, portanto, gasta menos, come melhor e evita prejuízos para a saúde. Tem investimento mais vantajoso do que esse?

*R$ 34,14 por refeição completa, incluindo bebida, sobremesa e café (dados de 2017).
** R. M. Claro, E. G. Maia, B. V. L. Costa, D. P. Diniz, *Preço dos alimentos no Brasil: prefira preparações culinárias a alimentos ultraprocessados*, Cadernos de Saúde Pública, 2016.

CLASSIFICAÇÃO DOS ALIMENTOS
POR GRAU DE PROCESSAMENTO

A tabela abaixo apresenta o sistema de classificação de alimentos por grau de processamento. Reconhecido pela Organização Mundial da Saúde, adotado pelo Guia Alimentar para a População Brasileira (documento oficial do Ministério da Saúde), ele foi criado pelo NUPENS, parceiro do Panelinha. É uma ferramenta fundamental para o dia a dia na cozinha e para evitar o aumento da obesidade nas populações.

	O QUE SÃO
ALIMENTOS *IN NATURA* OU MINIMAMENTE PROCESSADOS devem ser a base da nossa alimentação.	Alimentos vendidos como foram obtidos, diretamente de plantas ou de animais, ou que passaram por pequenas intervenções, mas que não receberam nenhum outro ingrediente durante o processo (nada de sal, açúcar, óleos, gorduras ou aditivos). Incluem-se no grupo grãos secos, polidos e empacotados ou moídos na forma de farinhas; raízes e tubérculos lavados; cortes de carne resfriados ou congelados e leite pasteurizado.
INGREDIENTES CULINÁRIOS usados para cozinhar.	São aqueles usados na cozinha para preparar os alimentos *in natura* ou minimamente processados. Não são consumidos isoladamente, mas entram nas receitas para temperar, refogar, fritar e cozinhar.
ALIMENTOS PROCESSADOS podem fazer parte de refeições baseadas em alimentos *in natura* e minimamente processados.	São os alimentos que passaram por processos semelhantes às técnicas culinárias caseiras, que receberam adição de sal, açúcar, óleo ou vinagre e que foram cozidos, secos, fermentados ou preservados por métodos como salga, salmoura, cura e defumação, ou acondicionamento em latas ou vidros.
ALIMENTOS ULTRAPROCESSADOS evite ao máximo.	São formulações feitas nas fábricas a partir de diversas etapas de processamento e que combinam muitos ingredientes, inclusive compostos industriais, como proteína de leite, extrato de carnes, gordura vegetal hidrogenada, xarope de frutose, espessantes, emulsificantes, corantes, aromatizantes, realçadores de sabor e vários outros aditivos, como substâncias sintetizadas em laboratório a partir de carvão e petróleo. Costumam conter muito açúcar, sal e gordura. Devido a essa formulação, são viciantes, por isso tendem a ser consumidos em excesso — e a excluir a comida de verdade.

A classificação dos alimentos por grau de processamento é a chave para entender o que é uma alimentação saudável de verdade

EXEMPLOS

Frutas, legumes e verduras (mesmo os congelados, desde que sem nenhum tipo de aditivo), raízes, ovos, carnes de boi, de porco, de aves e de peixes, leite, iogurte natural sem açúcar nem adoçante (nem outros aditivos químicos), arroz, feijão e outras leguminosas (como lentilha e grão-de-bico), ervas frescas e secas, especiarias, farinhas (de milho, de trigo, de mandioca), frutas secas, cogumelos e castanhas.

Sal, açúcar, óleos (de soja, de milho, de girassol etc.), azeite, banha de porco, gordura de coco, manteiga e vinagre.

Pães feitos com farinha, levedura, água e sal (aqueles vendidos a granel em padarias e supermercados), massas frescas ou secas, queijos, carnes-secas, bacalhau, conservas (vidros de palmito e beterraba, por exemplo), ervilha e milho em lata, atum e sardinha em lata, extratos e concentrados de tomate e frutas em calda ou cristalizadas.

Pratos prontos congelados que vão direto para o forno ou para o micro-ondas (lasanha, pizza etc.), carnes temperadas e empanadas, macarrão instantâneo, molho de tomate pronto, refrigerantes, sucos adoçados (inclusive em pó), mistura para bolo, achocolatado, sopa em pó, caldo industrializado (em cubo, em pó ou no potinho), molho pronto para salada, biscoito recheado, sorvetes, balas e guloseimas em geral, salgadinhos de pacote, barrinha de cereal industrializada, cereais matinais açucarados, bebidas lácteas e iogurtes adoçados e aromatizados, salsichas e pães de fôrma.

ULTRAPROCESSADOS:
PASSE LONGE!

Que alívio! Conhecer a classificação de alimentos por grau e propósito de processamento dá uma sensação de liberdade, não dá? Com a tabela da página anterior, fica muito mais fácil entender o que é alimentação saudável de verdade e fazer melhores escolhas. E o que são essas escolhas? Contar calorias ou cortar macronutrientes? Não: basear suas refeições em alimentos in natura ou minimamente processados, usar os ingredientes culinários na medida para preparar esses alimentos, apenas completar as refeições com os processados – e deixar os ultraprocessados fora do prato. Simples.

Mas, nas últimas décadas, bilhões foram investidos em marketing para dizer o contrário, que é tão complicado que você deveria parar de cozinhar e passar a comer comida pronta: os ultraprocessados feitos e temperados na fábrica. As pessoas caíram nas pegadinhas, entraram nos modismos, excluíram alimentos, fizeram dietas milagrosas – enfim, só não saíram completamente da cozinha, porque precisavam colocar água quente na embalagem para "preparar" a "sopa" "caseira" "saudável" "igual à da vovó" que compraram para o jantar. (Quantas aspas numa só "refeição"...)

E o resultado não foi mais sabor, mais prazer ou mais saúde: foi uma epidemia mundial de obesidade. A ideia de viver sem cozinhar não funcionou. As pessoas trocaram o tempo no fogão e na mesa pelas consultas e exames.

Há muitos motivos para excluir os ultraprocessados da alimentação:

IMITAÇÃO DE COMIDA: no ultraprocessamento, os alimentos podem perder características sensoriais, como cor, sabor, aroma e textura. Para se tornarem atraentes e mais palatáveis, recebem substâncias químicas, como corantes, aromatizantes e espessantes (que reproduzem artificialmente as características originais dos alimentos naturais), além de doses cavalares – e nada caseiras – de açúcar, sal e gordura. Sem falar nos conservantes, usados para aumentar o prazo de validade dos produtos. O equilíbrio nutricional vai embora.

HIPERSABOR: esse exagero de açúcar, sal, gordura e aditivos químicos transforma os ultraprocessados em produtos hiperpalatáveis, que acostumam mal o paladar e induzem até a uma relação de dependência. Sabe aquela história do salgadinho que é impossível parar de comer? Ultraprocessados são mesmo viciantes, "enganam" os mecanismos de saciedade do sistema digestivo e do cérebro, que acabam subestimando as calorias existentes nos produtos.

MAUS HÁBITOS: ultraprocessados costumam ser pensados para que você coma na frente do computador, na rua, no carro... E você passa a achar que um prato de arroz, feijão e bife não é um bom almoço, porque, afinal, não dá para comer dirigindo! O ideal é comer à mesa, e não em qualquer lugar; durante as refeições, e não entre elas.

DOENÇAS: pesquisas no mundo todo têm mostrado que uma alimentação repleta de ultraprocessados favorece o aumento dos índices de obesidade e de doenças como hipertensão e diabetes, e até aumenta o risco de alguns tipos de câncer. Isso já foi comprovado em estudos na Europa e nos Estados Unidos. E mais: um estudo do NIH (Instituto Nacional da Saúde, órgão de saúde mais importante dos Estados Unidos), publicado em maio de 2019, demonstrou com precisão científica que o consumo de produtos ultraprocessados tem efeito direto sobre o peso.

MEIO AMBIENTE: a pegada ambiental deixada pelos produtos ultraprocessados é muito maior do que o impacto provocado pelos alimentos in natura e minimamente processados. A quantidade de lixo vindo das embalagens é imensa e eles requerem maior consumo de água e energia em sua fabricação e põem em risco até a diversidade de espécies, porque estimulam monoculturas.

Para quem costuma fazer as refeições sozinho, esse é um assunto que merece ainda mais atenção. Na análise feita pelo Nupens para este livro, com base na Pesquisa de Orçamentos Familiares, do IBGE, os pesquisadores constataram que pessoas que moram sozinhas consomem menos comida caseira e mais produtos ultraprocessados do que aquelas que dividem a casa com outras pessoas.

"Mas como eu descubro se o produto é ultraprocessado?" Leia o rótulo. Não a mensagem publicitária na frente das embalagens, mas a lista de ingredientes. Se é longa e contém nomes estranhos, significa que não é uma opção saudável. Quer um exemplo? Abacaxi, a fruta comprada na feira, é in natura. O abacaxi em calda é processado, porque tem uma calda de açúcar. A gelatina de abacaxi é um ultraprocessado: tem cor, sabor e até cheiro de abacaxi, mas nenhum nutriente da fruta. Os melhores alimentos – in natura e minimamente processados – não têm rótulo.

O avanço dos ultraprocessados pode acabar com o padrão alimentar de um país. No Brasil, temos uma culinária rica e saudável, simbolizada pelo arroz com feijão, parte da identidade nacional e de nossa história. A melhor defesa para o seu corpo é entrar na cozinha. Você vai transformar um conceito abstrato, a dieta balanceada, em prática concreta.

PLANEJAR, COMPRAR, GUARDAR

Um cozinheiro organizado vale por dois! Com planejamento e boas estratégias, você poupa tempo, dinheiro e, acima de tudo, garante uma alimentação balanceada e sem tédio. A vida fica mais fácil — e muito mais saborosa.

O cardápio semanal

Vale para solteiros, para casais, para a família: planejar as refeições com antecedência (e não na hora da fome!) garante a variedade na alimentação, evita o desperdício e agiliza a rotina. O tempo usado para pensar o cardápio é amplamente recompensado durante a semana — e você não corre o risco de ter que pedir socorro para o delivery porque faltou o ingrediente-chave da receita. Algumas dicas para esse planejamento ser mais eficaz:

- **Liste as refeições** que pretende preparar em casa durante a semana, sem esquecer o café da manhã, os lanchinhos e as marmitas.

- Lembre-se de que você não tem que cozinhar a partir do zero sempre: já inclua no cardápio as receitas que serão feitas com **as sobras planejadas** (o capítulo 3 é um curso completo sobre o assunto).

- Este é o momento de garantir a **variedade na alimentação**: inclua no cardápio receitas que levem tipos diferentes de hortaliças (verduras e legumes), carnes e grãos. O cardápio não precisa ter um tipo de legume para cada dia da semana — afinal não queremos saber de desperdício por aqui. Pense que vegetais como abobrinha, berinjela ou pimentão provavelmente vão render porções para duas refeições diferentes. Um brócolis ou couve-flor de bom tamanho, talvez três. E um maço de alface, repolho ou acelga, pelo menos quatro! O importante é variar as escolhas ao longo do mês.

A hora das compras

Com o cardápio semanal já montado, a etapa das compras fica bem mais simples. Primeira regra: não saia de casa sem uma lista na mão. Ela evita que você compre produtos por impulso, sem necessidade (e deixe de fora itens importantes do cardápio). E lembre-se:

- Produtos frescos pedem uma compra semanal. Itens secos, como macarrão, farinha e grãos, e ingredientes culinários, como óleo, sal e açúcar, podem ser comprados uma vez por mês ou em intervalos até maiores. Um arquivo no computador, aplicativos no celular ou uma **lista de compras** à moda antiga, na porta da geladeira, são recursos que ajudam você a se manter atualizado sobre seus estoques.

- **Comprar a granel** é uma maravilha para quem cozinha para um. Você leva exatamente o volume que quer e ainda contribui para diminuir a quantidade de embalagens no mundo. Alguns estabelecimentos, inclusive, estimulam que os clientes usem seus próprios potes na compra.

- Não se esqueça de que no supermercado existe a opção de fazer **pedidos no balcão** de frios, de carnes, de peixes... Você não é obrigado a comprar bandejinhas com quantidades predeterminadas.

- Uma das principais funções da lista de compras é ajudar a manter o foco nos ingredientes do cardápio semanal. Mas **seja flexível em relação aos hortifrútis**: se o plano era fazer brócolis, mas a couve-flor estava mais fresquinha, vistosa e em conta, tudo bem mudar de ideia!

- Dê preferência aos **alimentos da época**. Só vantagem: são mais acessíveis, mais saborosos e, em geral, têm menos agrotóxicos (os produtores podem usar menos químicos quando o cultivo respeita o ciclo natural).

- Sabe qual o melhor caminho para descobrir quais são os alimentos da época? **Frequente a feira** do seu bairro. Pelas ofertas nas barracas, fica logo evidente quais são as frutas e hortaliças que estão na safra. Outros atrativos: os ingredientes são fresquinhos e os ultraprocessados não têm vez por lá. Inclua a feira no seu roteiro de compras!

- Quer garantir **frutas para a semana inteira**, sem ter que voltar ao mercado a cada dois dias? Compre algumas maduras para consumo imediato e outras mais verdes, para comer depois. Mas atenção: nem toda fruta amadurece depois de colhida. Morango, uva e figo, por exemplo, só amadurecem no pé. Outro recurso para manter a fruteira em dia é ter sempre opções mais resistentes, como maçã, pera e laranja. Mais uma dica: se possível, escolha frutas com o cabinho preservado, que se conservam por mais tempo.

- A lógica de investir nos campeões da resistência também vale para ter **legumes e hortaliças sempre**. Rúcula e alface são folhas delicadas, para comprar e comer logo. Já o repolho aguenta vários dias na geladeira. Quiabo estraga mais rápido, abóbora dura uma eternidade. Não deixe de consumir nenhum deles — apenas coloque os mais perecíveis no começo da fila, na hora do preparo.

- Por fim, um cuidado fundamental: **leia o rótulo dos produtos que vêm em embalagens**. Dessa forma, você escapa das armadilhas das imitações de comida disfarçadas de opção saudável. O produto tem uma lista imensa de ingredientes com nomes esquisitos? Então, é ultraprocessado e deve ser barrado no baile. Molho de tomate pronto, por exemplo, é ultraprocessado. Já tomate pelado em lata é um ótimo atalho. Iogurte com sabor é imitação de comida. Iogurte natural, que você pode misturar com frutas frescas, é comida de verdade. E lembre-se de que os melhores alimentos não têm rótulo! São *in natura* ou minimamente processados, como frutas, hortaliças, grãos, farinhas e carnes frescas (sem tempero pronto!). Baseie sua alimentação nesse grupo e boas compras!

A organização

Ingredientes armazenados corretamente duram mais, facilitam o preparo das refeições e otimizam o espaço — cozinha pequena é superprática quando bem organizada! Voltou das compras? Vamos guardar cada item no seu devido lugar!

- Para ganhar tempo e **driblar a preguiça de lavar a salada** a cada refeição, mate essa etapa logo que voltar das compras. Lave as folhas sob água corrente e deixe de molho com bactericida (siga as instruções da embalagem). Depois, em vez de escorrer, retire as folhas da água (se ainda houver alguma sujeirinha, vai ficar no fundo do recipiente) e seque bem na centrífuga ou com pano de prato limpo. A salada lavada pode ser guardada em um saco plástico — coloque as folhas, segure o saquinho pelas pontas, gire (para que ele fique estufado) e amarre. Outra opção é acomodá-las num recipiente com tampa, intercalando camadas de folhas e de papel toalha — assim, elas duram até 7 dias na geladeira.

- **Frutas e legumes** duram mais se forem lavados só na hora do consumo. Guarde as frutas maduras na geladeira e as verdes, na fruteira. Legumes devem ser armazenados em sacos plásticos. Raízes como cenoura, rabanete e beterraba têm a vida útil prolongada se estiverem com as ramas. Para poupar espaço, apare a folhagem deixando três dedos de talo (se as folhas estiverem fresquinhas, podem virar refogados ótimos).

- **Carnes cruas** devem ficar em recipientes bem fechados e aguentam até 3 dias na geladeira (2 dias para peixes e carne moída). Se planeja consumir dentro de um prazo maior, embale individualmente em saquinhos com fechamento hermético logo que voltar das compras e congele.

- Para o armazenamento de preparações ou ingredientes, **prefira recipientes de vidro com tampa** aos de plástico. Não pegam cheiro e são fáceis de limpar — seque bem antes de usar. Identificar o conteúdo com caneta permanente ajuda a evitar confusões.

- Atenção para a **organização interna da geladeira**: a prateleira mais alta é a mais fria e deve ser reservada para carnes cruas e laticínios. Alimentos cozidos e ovos ficam no meio — não deixe os ovos na porta, onde o abre-e-fecha causa oscilações na temperatura. As prateleiras inferiores acomodam os itens sensíveis ao frio, como frutas, legumes e verduras.

- Tem ingrediente ameaçando passar do ponto? **O congelador** é um destino muito mais inteligente do que a lixeira. Veja no capítulo 4 todas as dicas para congelar — e descongelar — alimentos.

- **Cheque regularmente o conteúdo** da geladeira e da despensa para ver se não há nada com o prazo de validade expirado. Por mais estratégias antidesperdício que use, perdas acontecem. Nesses casos, seja impiedoso e faça o descarte.

SUBINDO PELAS PAREDES: Em cozinhas compactas, o negócio é aproveitar todos os cantinhos da melhor forma possível. Inclusive as paredes! Escorredor de pratos, fruteira e suporte magnético para facas são alguns acessórios que podem ir para o alto. Além de liberarem espaço na bancada, eles também ajudam a compor a decoração. Um painel de ferramentas, à venda em casas de material de construção, é ótimo para pendurar utensílios, por exemplo.

BOM DIA!

Agora que você já está por dentro dos conceitos de alimentação saudável e viu como o planejamento pode facilitar a rotina na cozinha, é hora de colocar a teoria em prática. Vamos começar pelo começo: um bom café da manhã.

Não é todo mundo que tem a sorte de poder almoçar em casa. E volta e meia aparece algum programa na hora do jantar. Mas pelo menos uma refeição no conforto do lar você consegue garantir: o café da manhã. Por isso, vamos caprichar.

As primeiras horas do dia, em geral, são as mais agitadas — aquela correria para se aprontar e chegar ao trabalho no horário. Com planejamento, dá para chegar na hora e bem alimentado!

Quando for bolar o cardápio da semana, não se esqueça de incluir o café da manhã. Com os ingredientes à mão, deixe tudo no jeito na noite anterior, para ganhar tempo. As receitas a seguir são de preparo rápido, e você ainda pode adiantar etapas, como preparar o muesli fresco e lavar as frutas. Aliás, não deixe de consumir frutas logo cedo. Essa é uma atitude simples e que faz a maior diferença na qualidade da alimentação.

Aqui você vai ver várias ideias para montar uma bela mesa matinal, sem recorrer a suco de caixinha, biscoitos e pães ultraprocessados. Acordar vai ficar mais gostoso!

FRUTAS TURBINADAS

Pegou, lavou ou descascou, está pronto: fruta pode ser consumida assim. Mas também pode ser consumida assada — ou grelhada, ralada, amassada... Vamos agitar essa fruteira!

BANANA GRELHADA: 1 COLHER (CHÁ) DE AÇÚCAR · 1 BANANA-NANICA. Lave e seque a banana, com a casca. Com uma faca afiada, corte a banana ao meio, no sentido do comprimento, mantendo a casca. Aqueça uma frigideira (de preferência antiaderente) em fogo alto e, com uma folha de papel-toalha, espalhe um pouco de manteiga no fundo. Polvilhe o lado da polpa de cada metade da banana com ½ colher (chá) de açúcar e transfira para a frigideira com o lado cortado voltado para baixo. Deixe cozinhar por cerca de 4 minutos, até dourar — pressione delicadamente com uma espátula para ficar uniforme. Sirva a banana quente com iogurte cremoso e mel.

MAÇÃ ASSADA COM ESPECIARIAS NO MICRO-ONDAS: 1 MAÇÃ FUJI · 1 COLHER (SOPA) DE MEL · CANELA EM PÓ · GENGIBRE EM PÓ · NOZ-MOSCADA RALADA NA HORA. Corte a maçã ao meio, no sentido do comprimento. Em seguida, corte cada metade em 4 pedaços e descarte as sementes. Numa tigela de vidro, misture a maçã com o mel, uma pitada de canela, outra de gengibre em pó e noz-moscada a gosto. Cubra com filme e fure o centro com a ponta de uma faquinha para que o vapor saia durante o cozimento. Leve ao micro-ondas e cozinhe por 5 minutos em potência alta — a maçã deve cozinhar e formar uma calda. Com cuidado, retire o filme e sirva a maçã (com a calda) com iogurte.

MUESLI FRESCO: 1 POTE DE IOGURTE NATURAL SEM AÇÚCAR (170 G) · 1 MINIMAÇÃ · ¼ DE XÍCARA (CHÁ) DE LEITE · ½ COLHER (SOPA) DE SEMENTES DE LINHAÇA DOURADA · 2 COLHERES (SOPA) DE AVEIA · ½ COLHER (SOPA) DE CALDO DE LIMÃO · 1 COLHER (SOPA) DE NOZES TOSTADAS E PICADAS · 1 COLHER (SOPA) DE UVAS-PASSAS BRANCAS · MEL. Numa tigela, misture o iogurte, o leite, as sementes de linhaça, a aveia e ½ colher (sopa) de mel. Tampe (ou cubra com filme) e deixe na geladeira por 12 horas. Na manhã seguinte, descasque e corte a minimaçã ao meio. Retire as sementes e passe os pedaços na parte grossa do ralador. Junte metade da mistura de iogurte, o caldo de limão e misture bem. Acrescente as nozes, as uvas-passas, finalize com mais mel e sirva a seguir. A outra metade da mistura de iogurte pode ser consumida no dia seguinte com outras frutas picadas, como manga, kiwi, morango e damasco. Fica uma delícia!

PANQUECA DE BANANA: 1 OVO · 1 BANANA · 1 COLHER (SOPA) AÇÚCAR · ⅓ DE XÍCARA (CHÁ) DE LEITE · ½ XÍCARA (CHÁ) DE FARINHA DE TRIGO · ½ COLHER (CHÁ) DE FERMENTO EM PÓ · ÓLEO (OU MANTEIGA DERRETIDA) · CANELA EM PÓ · SAL. Em uma tigela média, quebre o ovo. Junte o açúcar, uma pitada de canela e outra de sal e mexa por cerca de 1 minuto com um batedor de arame, até começar a espumar. Adicione o leite, 1 colher (sopa) de óleo, a farinha de trigo e misture até formar uma massa lisa. Deixe a massa descansar por 10 minutos. Na hora de preparar a panqueca, corte a banana em rodelas de meio centímetro. Adicione o fermento à massa e misture bem. Leve uma frigideira antiaderente ao fogo médio e, com um pedaço de papel-toalha, unte com óleo. Coloque 1 concha da massa no centro da frigideira, abaixe o fogo e disponha sobre a massa metade das rodelas de banana. Deixe cozinhar por 2 minutos, até a lateral da panqueca começar a firmar e surgirem bolhas no centro da massa. Com uma espátula, vire a massa e deixe cozinhar por mais 2 minutos. Transfira para um prato e repita com o restante da massa, untando a frigideira novamente. Sirva as panquecas ainda mornas com manteiga, geleias, frutas, mel ou *maple syrup* (xarope de bordo, típico do Canadá).

PASTINHA DE AVOCADO: 1 AVOCADO · 1 LIMÃO · 1 COLHER (CHÁ) AZEITE · SAL. Corte o avocado ao meio, no sentido do comprimento. Mantenha o caroço na metade que não vai ser usada, pingue gotinhas de caldo de limão para que não escureça, embale com filme e guarde na geladeira para utilizar em outra receita (na p. 94 tem uma salada ótima com avocado). Descasque a outra metade e transfira para um prato. Regue com o caldo de ¼ de limão e 1 colher (chá) de azeite. Amasse com um garfo até formar uma pastinha, tempere com sal e sirva com pão ou torradinhas.

FRUTAS CONGELADAS: com essas ideias, a probabilidade de as frutas encalharem na sua casa diminui bastante. Caso isso aconteça, não deixe passar do ponto: congele! Frutas como banana, morango e abacate podem ser congeladas e depois batidas no liquidificador com água, leite ou iogurte (tire-as do congelador um pouco antes, para não correr o risco de quebrar o eletrodoméstico). Leia mais sobre frutas congeladas na p. 100.

PÃO E COMPANHIA

Nada de cair na armadilha dos pães ultraprocessados, eternamente fofinhos à custa de aditivos químicos e conservantes. Aqui tem boas alternativas.

PÃO FRESQUINHO TODO DIA

O segredo para se livrar do pão de fôrma ultraprocessado é... o congelador! Compre na padaria o filão de sua preferência (ou faça seu pão caseiro, que tal? No site Panelinha tem muitas opções), corte em fatias (ou ao meio, se for pão francês) e leve ao congelador numa assadeira, até endurecerem. Depois, transfira para saquinhos plásticos. De manhã, é só tirar uma fatia do congelador, aquecer a frigideira, colocar o pão e borrifar um pouquinho de água. Tampe e conte 3 minutos (vire na metade do tempo). Se preferir, você também pode pôr a fatia congelada na torradeira. Pronto: pão quente e fresquinho para começar bem o dia!

NA CHAPA E NO CAPRICHO

Até o mais básico dos preparos fica melhor com algumas táticas. Para um pão na chapa perfeito, lembre-se de deixar a manteiga em temperatura ambiente — assim, ela fica mais fácil de ser espalhada por igual. Uma frigideira antiaderente vai garantir um pão crocante, com manteiga dourada, mas não queimada. Por fim, se você gosta do pão mais achatadinho, coloque um peso sobre ele enquanto doura na frigideira — uma panela mais pesada, por exemplo, funciona bem.

TAPIOCA

A massa de tapioca vendida já hidratada é prática, mas muitas vezes não dá tempo de consumir tudo e ela acaba vencendo na geladeira. Pois você sabia que tapioca nada mais é do que polvilho doce hidratado? Como é um ingrediente seco, ele dura muito mais tempo. Você hidrata aos poucos, só a quantidade que for consumir.

PARA HIDRATAR 1 PORÇÃO: coloque numa tigela ½ xícara (chá) de polvilho doce. Regue, aos poucos, com aproximadamente 2 colheres (sopa) de água, misturando com as pontas dos dedos para hidratar de maneira uniforme — a textura final deve ser de uma farinha úmida, mas com grãos soltos, que modela ao ser apertada.

PARA PREPARAR: aqueça uma frigideira pequena antiaderente em fogo médio. Para saber se está quente o suficiente, salpique um pouco da farinha hidratada — ela deve pular depois de alguns segundos. Abaixe o fogo e peneire uma porção da farinha, até formar uma camada uniforme sobre o fundo da frigideira. Deixe a goma firmar por 30 segundos. Polvilhe ¼ de xícara (chá) de queijo meia cura ralado sobre a tapioca, dobre e deixe na frigideira por 1 minuto e meio de cada lado, até o queijo derreter. Tapioca também combina com mel, lascas de coco, goiabada ou simplesmente manteiga.

PARA HIDRATAR 4 PORÇÕES: coloque 1 xícara (chá) de polvilho doce numa tigela e cubra com ½ xícara (chá) de água filtrada. Misture com uma colher para dissolver o polvilho, cubra com filme e deixe de molho na geladeira por cerca de 8 horas (se preferir, prepare da noite para o dia). O polvilho vai absorver a maior parte do líquido e ficar com a aparência de gesso molhado. Escorra a água que ficou na superfície — pode virar a tigela sem medo, a goma fica grudada no fundo. Coloque um pano de prato limpo sobre a goma e deixe absorver o excesso de umidade por 20 minutos. Com uma colher, quebre a massa em pedaços e passe por uma peneira — o resultado é uma farinha úmida, sedosa, que modela ao ser apertada. Se quiser, tempere com sal a gosto. Está pronta para ir para a frigideira.

PARA CONSERVAR: você pode armazenar os pedaços de goma ou a farinha peneirada na geladeira por até 1 semana, num pote fechado. Se preferir, armazene as porções já peneiradas no congelador por até 1 mês. Para utilizar, passe a porção congelada novamente pela peneira direto na frigideira. O polvilho doce deve ficar em lugar seco, num pote de vidro bem fechado.

CUSCUZ DE MILHO

De leste a oeste, de norte a sul, vale adotar este acompanhamento que vai com tudo, em todas as refeições do dia! Numa tigela, misture ⅓ de xícara (chá) de farinha de milho flocada com uma pitada de sal. Regue aos poucos com 3 colheres (sopa) de água, mexendo com uma colher para umedecer a farinha — a textura é de areia molhada. Deixe hidratar por 10 minutos. Preencha o fundo da cuscuzeira com água e encaixe o cesto de vapor (caso não tenha uma cuscuzeira, encaixe uma peneira de inox sobre uma panela com água — o líquido não pode encostar na peneira, mas deve ser suficiente para não secar durante o cozimento). Transfira a farinha hidratada para o cesto (ou peneira), sem compactar. Tampe e leve ao fogo alto. Assim que começar a ferver, abaixe o fogo e deixe cozinhar por mais 15 minutos, até o cuscuz inflar e ficar macio. Desligue o fogo. Com cuidado, transfira o cuscuz para uma tigela e solte com um garfo. Numa tigela pequena, coloque 1 colher (chá) de manteiga e 1 colher (sopa) da água fervente da cuscuzeira e misture até a manteiga derreter parcialmente — ela vai terminar de derreter com o calor do cuscuz. Regue a água com manteiga sobre o cuscuz e misture — ele vai ficar mais úmido e saboroso. Se preferir, coloque apenas a manteiga no cuscuz ainda quente. Sirva a seguir.

OLHO NO OVO

Chegou o reforço para a refeição matinal! O ovo é um ingrediente generoso que topa qualquer tipo de preparo, mas é preciso estar atento aos tempos de cozimento para garantir que fique do jeitinho que você gosta. Cronômetro na mão? Então, vamos em frente.

OVO COZIDO

Leve uma panela pequena com água ao fogo médio. Quando ferver, mergulhe o ovo com o auxílio de uma colher, para ele não bater no fundo e trincar. Abaixe o fogo. (Se desejar, faça um furinho na base da casca do ovo e adicione o caldo de ½ limão à água para ajudar a manter a casca sem rachaduras.) Cronometre:

- 4 minutos para ovo quente (clara macia e gema bem mole).
- 6 minutos para ovo mollet (clara cozida firme e gema mais líquida).
- 7 minutos para ovo com gema cremosa.
- 12 minutos para ovo com gema cozida, mas sem passar do ponto.

Com uma colher, tire o ovo da panela e transfira para um porta-ovos ou mergulhe numa tigela com água fria para amornar e descascar mais fácil.

OVO MEXIDO

Separe 3 ovos. Numa tigela pequena, quebre 1 ovo de cada vez e transfira para outra tigela — assim, se algum estiver estragado, você não perde a receita. Junte 2 colheres (sopa) de leite, tempere com uma pitada de sal e bata ligeiramente com um garfo. Numa frigideira pequena, derreta 1 colher (chá) de manteiga em fogo baixo. Junte os ovos e mexa com a espátula por cerca de 3 minutos, até que eles atinjam uma consistência cremosa. Para uma versão mais sequinha, mexa os ovos por cerca de 4 minutos. Transfira imediatamente para um prato e sirva a seguir.

MAIS SABOR, MENOS LOUÇA

Em uma panela só

Neste capítulo, você vai aprender a preparar cardápios completos, em porções individuais, usando apenas uma panela. São receitas equilibradas, saborosas, mas que poupam tempo durante e após o preparo.

Vamos encarar os fatos: o trabalho na cozinha não se resume a misturar ingredientes e provar o tempero. Lavar louça também faz parte do pacote — tarefa que pode ser um tanto desanimadora se não há ninguém com quem dividir os afazeres. Mas chega de sofrência! Se são só dois braços para cuidar da pia, vamos usar uma panela só.

As preparações deste capítulo valem por uma refeição completa e usam o mínimo possível de utensílios: todo o cozimento é feito em apenas uma panela, seja ela uma caçarola ou uma frigideira. Tem arroz sírio com frango, bisteca de porco com feijão branco, até bife com panzanella! E ainda tem macarrão que cozinha no próprio molho — quer coisa mais prática? Tudo calculado para servir uma porção.

Essas façanhas são possíveis graças a alguns truques simples, como respeitar o tempo de cozimento de cada ingrediente, usar a quantidade exata de líquido e dar aquela empurradinha estratégica num legume para abrir espaço para os outros.

OK, você vai ter que recorrer a um ou outro utensílio de apoio: uma tábua de corte, um prato para reservar os brócolis enquanto grelha a carne. Mas é coisa mínima, que você lava enquanto a receita chega no ponto.

Além de agilizar a limpeza, a ideia aqui é ganhar tempo durante o preparo também. Algumas receitas clássicas foram adaptadas para isso. É o caso da galinhada, que é feita com cuscuz marroquino em vez de arroz. O resultado é uma refeição de dar água na boca, com preparo mais rápido e cozinha tinindo em tempo recorde. Viva a autonomia!

PIA SOB CONTROLE

Resolver a refeição em uma panela só é uma ótima alternativa para facilitar a vida. Mas tem aqueles dias em que você se anima a fazer uma baguncinha na cozinha ou resolve convidar os amigos para jantar. Seja qual for o tamanho da encrenca que restou na pia, a tarefa fica bem mais suave com algumas medidas simples.

ENCAIXE A LAVAGEM NO PREPARO: enquanto o caldo ferve ou o frango termina de assar, aproveite para lavar os utensílios que usou para preparar a receita. Isso reduz drasticamente o número de itens na pia depois da refeição.

FAÇA A PRÉ-LAVAGEM: jogue no lixo os restinhos dos pratos e travessas antes de colocá-los na pia. Passe um papel-toalha — ou aproveite o guardanapo de papel usado na refeição — para eliminar melhor os resíduos e a gordura. Além de facilitar a lavagem, isso evita entupimentos no ralo e ajuda a economizar água.

FECHE A TORNEIRA: por falar em água, nada de desperdício! Em 15 minutos, uma torneira aberta manda para o ralo 117 litros de água. Portanto, feche enquanto ensaboa os utensílios e abra na hora do enxágue.

USOU, LAVOU: é sempre mais fácil limpar uma louça que acabou de ser usada do que aquela que passou a noite na pia. Especialmente copos e xícaras — com uma lavadinha ligeira, já estão prontos para outra. Esse é o mundo ideal. Se a correria não permitir (ou se bater uma preguiça, porque ninguém é de ferro) e a louça ficar para o dia seguinte, veja as dicas a seguir.

DEIXE DE MOLHO: se tiver de lavar a louça do dia anterior, mergulhe pratos e travessas numa bacia com água e detergente. Isso vai poupar muita esfregação posterior. Talheres também devem ficar de molho num recipiente. E não se esqueça de colocar água em copos e taças — depois que seca, aquele restinho de vinho fica bem chato de limpar.

ORGANIZE A LOUÇA: agrupe talheres com talheres, pratos com pratos, copos com copos e panelas com panelas! Essa medida tem dois benefícios: agiliza a próxima etapa e faz você ver que a situação da pia não é tão grave quanto aparenta ser quando está toda bagunçada.

COMECE PELO MAIS FÁCIL: vale para qualquer quantidade de louça. Copos devem ser os primeiros da fila, quando a esponja ainda não encarou os itens mais engordurados. Talheres podem vir na sequência, seguidos por pratos e travessas. Deixe as panelas mais problemáticas para o final — despeje água bem quente e um pouco de detergente ou vinagre dentro delas e deixe essa combinação amolecer a sujeira enquanto você lava as outras louças.

SOM NA CAIXA! Nada como uma boa trilha sonora para deixar qualquer tarefa mais leve. Monte sua playlist e mãos à obra!

RECEITA

Bife com panzanella

Nesta versão da clássica salada italiana, os cubinhos de pão absorvem os sabores do refogado de legumes, antes de receberem uma dose de vinagre balsâmico e outros temperos. O bife entra na história com a frigideira já quente, para ficar dourado por fora e suculento por dentro.

SERVE **1 PORÇÃO** | PREPARO **20 MINUTOS**

- 1 BIFE ALTO DE CONTRAFILÉ (CERCA DE 200 G)
- 1 XÍCARA (CHÁ) DE PÃO CIABATTA CORTADO EM CUBOS DE 2 CM
- ½ ABOBRINHA ITALIANA
- 10 VAGENS HOLANDESAS
- 1 DENTE DE ALHO
- ½ COLHER (SOPA) DE VINAGRE BALSÂMICO
- 4 RAMOS DE SALSINHA
- AZEITE A GOSTO
- SAL E PIMENTA-DO-REINO MOÍDA NA HORA A GOSTO

PODE TROCAR: VINAGRE BALSÂMICO POR VINAGRE DE VINHO TINTO; ABOBRINHA ITALIANA POR BRASILEIRA; SALSINHA POR COENTRO; CIABATTA POR PÃO ITALIANO.

1. Retire o bife da geladeira e deixe em temperatura ambiente por alguns minutos — ele não deve estar gelado na hora de ir pra frigideira.

2. Lave, seque, descarte as pontas e corte as vagens na diagonal, em pedaços de 4 cm. Lave, seque e corte 1 abobrinha ao meio, no sentido da largura. Corte uma das metades em tiras de 1,5 cm de largura e depois fatie para formar "triângulos". (A outra metade da abobrinha vai para geladeira, num recipiente com fechamento hermético, e deve ser usada em até 2 dias. Veja sugestões de uso nas p. 87 e 89.) Descasque e pique fino o alho.

3. Leve uma frigideira média ao fogo médio. Quando aquecer, regue com 2 colheres (sopa) de azeite, acrescente a abobrinha e tempere com uma pitada de sal. Deixe dourar, mexendo de vez em quando, por 4 minutos. Junte os cubos de pão e mexa por mais 3 minutos.

4. Mantenha a frigideira em fogo médio e regue com mais ½ colher (sopa) de azeite. Acrescente as vagens, tempere com uma pitada de sal e refogue por 2 minutos — elas devem estar cozidas, mas ainda crocantes. Junte o alho e mexa por 1 minuto para perfumar. Transfira para uma tigela, misture as folhas de salsinha e tempere com o vinagre balsâmico, sal e pimenta a gosto. Reserve.

5. Volte a frigideira ao fogo médio (nem precisa lavar) e tempere o bife com sal e pimenta-do-reino. Quando a frigideira aquecer, regue com ½ colher (sopa) de azeite e coloque o bife. Deixe dourar, sem mexer, até soltar do fundo da frigideira — isso leva 3 minutos. Com uma pinça, vire o bife e deixe dourar por mais 2,5 minutos para uma carne ao ponto — o tempo pode variar de acordo com a altura do contrafilé. Sirva o bife com a panzanella morna.

REFOGAR: técnica que consiste em cozinhar alimentos cortados em pedaços pequenos, mexendo constantemente, com pouca gordura na panela. Pode ser óleo, azeite ou manteiga, o suficiente para envolver os alimentos. Margarina? Jamais! Além de mexer bem com uma espátula ou colher, a panela não pode estar muito quente para não queimar os alimentos.

RECEITA

Peixe com batata e espinafre

Se você não costuma comer peixe em casa por medo de errar o preparo, não deixe de provar esta receita. É fácil, saudável e superelegante. E, claro, toda feita em uma panela só!

SERVE **1 PORÇÃO** | PREPARO **40 MINUTOS**

1 TRANCHE (FILÉ ALTO) DE ROBALO, SEM A PELE (CERCA DE 140 G)

5 BATATAS BOLINHAS

1 XÍCARA (CHÁ) DE FOLHAS DE ESPINAFRE

1 DENTE DE ALHO

1 PITADA DE CÚRCUMA

AZEITE A GOSTO

SAL E PIMENTA-DO-REINO MOÍDA NA HORA A GOSTO

PODE TROCAR: CÚRCUMA POR CURRY; ROBALO POR OUTRO PEIXE BRANCO (PROCURE USAR FILÉS ALTOS E ESTREITOS, PARA NÃO ALTERAR O TEMPO DE COZIMENTO).

1. Lave, seque e corte as batatas ao meio. Descasque o alho e bata no pilão com uma pitada de sal e outra de cúrcuma, até formar uma pastinha (se preferir, pique bem fino na tábua).

2. Leve uma panela média ao fogo baixo, regue com 1 colher (chá) de azeite, junte a pastinha e mexa por 2 minutos, até começar a grudar no fundo da panela. Cuidado: não deixe o alho escurecer para não amargar. Regue com 1 xícara (chá) de água e, com a espátula, raspe os queimadinhos no fundo da panela — eles dão sabor ao molho.

3. Junte as batatas e aumente o fogo para alto. Quando ferver, diminua o fogo, tampe a panela e deixe cozinhar por 15 minutos até as batatas ficarem macias — para verificar espete com um garfo.

4. Enquanto isso, tempere o peixe com sal e pimenta-do-reino a gosto. Lave e seque as folhas de espinafre.

5. Assim que as batatas estiverem macias abra espaço na panela, coloque o peixe e deixe cozinhar com a tampa fechada por mais 10 minutos. Faltando 1 minuto para finalizar, acrescente o espinafre. Sirva a seguir.

RECEITA

Bisteca com feijão-branco e brócolis

Combinação matadora: carne de porco douradinha com brócolis chamuscados — na frigideira bem quente, sem azeite, os ramos ficam tostados e crocantes. O feijão-branco em conserva acrescenta um toque cremoso ao prato, sem aumentar em nada o trabalho.

SERVE **1 PORÇÃO** | PREPARO **25 MINUTOS**

1 BISTECA DE PORCO (CERCA DE 180 G)
½ LATA DE FEIJÃO-BRANCO EM CONSERVA, COM O CALDO, OU ¾ DE XÍCARA (CHÁ), CASO PREFIRA USAR O FEIJÃO COZIDO EM CASA
5 RAMOS DE BRÓCOLIS (FLORETES COM PARTE DO TALO)
½ XÍCARA (CHÁ) DE ÁGUA
1 DENTE DE ALHO
½ COLHER (CHÁ) DE PÁPRICA DOCE
2 RAMOS DE ALECRIM
AZEITE A GOSTO
SAL E PIMENTA-DO-REINO MOÍDA NA HORA A GOSTO

PODE TROCAR: PÁPRICA DOCE POR PÁPRICA DEFUMADA, GENGIBRE EM PÓ OU COENTRO EM PÓ; FEIJÃO-BRANCO POR GRÃO-DE-BICO EM CONSERVA.

1. Retire a bisteca da geladeira e deixe em temperatura ambiente — ela não deve estar gelada na hora de ir para a frigideira. Tempere com a páprica, sal e pimenta-do-reino a gosto, esfregando com a ponta dos dedos.

2. Com a faca, corte os ramos mais grossos de brócolis ao meio, no sentido do comprimento, para que cozinhem por igual. Lave os ramos sob água corrente e seque com um pano limpo — eles devem estar bem sequinhos para chamuscar. Amasse o dente de alho com a lateral da lâmina da faca e descarte a casca.

3. Leve uma frigideira média ao fogo médio. Quando aquecer, coloque os brócolis e deixe chamuscar por 6 minutos, virando para tostar todos os lados. Transfira os brócolis para um prato e reserve.

4. Mantenha a frigideira em fogo médio, regue com ½ colher (sopa) de azeite e coloque a bisteca. Deixe dourar por 1 minuto de cada lado — como a frigideira está bem quente, a bisteca doura rapidinho.

5. Afaste a bisteca para a lateral e regue a frigideira com mais ½ colher (sopa) de azeite. Junte o alho, os ramos de alecrim e mexa por 1 minuto, apenas para perfumar.

6. Acrescente o caldo do feijão em conserva e a água. Com a espátula, raspe os queimadinhos do fundo da frigideira — eles vão dar sabor ao preparo. Junte os grãos de feijão e tempere com sal e pimenta-do-reino a gosto. Atenção: alguns feijões têm um caldo mais salgado que outros; prove antes de temperar.

7. Deixe cozinhar por 6 minutos, mexendo de vez em quando, até que o caldo engrosse levemente e a bisteca termine de cozinhar. Desligue o fogo e sirva a seguir com os brócolis.

RECEITA

Galinhada de cuscuz marroquino

Em vez de uma galinha cortada em pedaços, vamos de peito de frango em tirinhas. No lugar do arroz, cuscuz marroquino. Com essas trocas, a galinhada vira uma refeição de preparo express — com direito a quiabo!

SERVE **1 PORÇÃO** | PREPARO **20 MINUTOS**

2 BIFES DE FRANGO (CERCA DE 100 G CADA UM)

⅓ DE XÍCARA (CHÁ) DE CUSCUZ MARROQUINO

1 TOMATE

4 QUIABOS

½ CEBOLA

1 DENTE DE ALHO

½ XÍCARA (CHÁ) DE ÁGUA

¼ DE COLHER (CHÁ) DE COMINHO EM PÓ

1 PITADA DE CÚRCUMA

CALDO DE ½ LIMÃO

AZEITE A GOSTO

FOLHAS DE COENTRO A GOSTO PARA SERVIR

SAL E PIMENTA-DO-REINO MOÍDA NA HORA A GOSTO

PODE TROCAR: COENTRO POR CEBOLINHA PICADA; COMINHO POR COENTRO EM PÓ; QUIABO POR ERVILHA-TORTA OU VAGEM.

1. Corte os bifes de frango na metade, no sentido do comprimento, e as metades, em tiras de 1 cm. Transfira para uma tigela, tempere com sal e pimenta-do-reino a gosto e deixe em temperatura ambiente enquanto prepara os outros ingredientes — o frango não deve estar gelado na hora de ir para a frigideira.

2. Lave e seque o tomate e os quiabos. Corte o tomate ao meio, descarte as sementes e corte cada metade em cubos pequenos. Descarte o cabinho dos quiabos e fatie cada um em rodelas de 1 cm. Descasque e pique fino a cebola e o alho.

3. Leve uma frigideira média ao fogo médio. Quando aquecer, regue com ½ colher (sopa) de azeite, acrescente as tiras de frango e deixe dourar por 3 minutos, mexendo de vez em quando. Enquanto isso, numa chaleira leve pouco mais de ½ xícara (chá) de água para ferver.

4. Acrescente mais ½ colher (sopa) de azeite, junte a cebola, tempere com uma pitada de sal e refogue com o frango por 2 minutos até murchar. Adicione o tomate e mexa por mais 2 minutos.

5. Adicione o alho, tempere com a cúrcuma e o cominho e misture bem. Junte o quiabo e deixe cozinhar por mais 1 minuto, mexendo de vez em quando — evite mexer muito para que o quiabo não solte muita baba.

6. Por último, junte o cuscuz marroquino, tempere com ¼ de colher (chá) de sal e misture bem. Meça ½ xícara (chá) da água fervente, regue sobre o cuscuz e misture delicadamente. Desligue o fogo, tampe a frigideira e deixe o cuscuz hidratar por 5 minutos.

7. Solte o cuscuz marroquino com um garfo, finalize com o caldo de limão, as folhas de coentro e sirva a seguir.

Para facilitar a vida: se eu tivesse que comprar apenas uma panela, seria uma frigideira de bordas altas. Ela é aberta o bastante para fritar um bife sem acumular líquido — o que faria a carne virar uma sola de sapato — e, ao mesmo tempo, tem profundidade suficiente para fazer preparações com molho ou que precisem de líquido para cozinhar. Ou seja, serve como panela e como frigideira.

RECEITA

Arroz sírio com frango

A cebola deve dourar lentamente nesta receita, mas a espera vale a pena — o toque caramelizado faz a maior diferença no resultado. Depois disso, não tem segredo: frango, arroz e lentilha cozinham juntos e em 20 minutos a refeição está na mesa!

SERVE **1 PORÇÃO** | PREPARO **40 MINUTOS**

1 BIFE DE FRANGO (CERCA DE 100 G)
¼ DE XÍCARA (CHÁ) DE ARROZ
¼ DE XÍCARA (CHÁ) DE LENTILHA
1 CEBOLA
1 DENTE DE ALHO

1½ XÍCARA (CHÁ) DE ÁGUA
1½ COLHER (SOPA) DE AZEITE
¼ DE COLHER (CHÁ) DE PIMENTA SÍRIA
1 PITADA DE AÇÚCAR
SAL E PIMENTA-DO-REINO A GOSTO

PODE TROCAR: BIFE DE FRANGO POR SASSAMI (FILEZINHO DE PEITO), MAS MANTENHA A QUANTIDADE, 100 G.

1. Coloque a lentilha numa tigela funda e cubra com ½ xícara (chá) de água fervente. Deixe de molho por 20 minutos, enquanto prepara os outros ingredientes.

2. Descasque e fatie a cebola em meias-luas médias. Descasque e pique fino o alho. Corte o bife de frango em tirinhas de 1 cm x 7 cm e tempere com sal e pimenta-do-reino a gosto. Separe os ingredientes secos.

3. Leve uma panela pequena ao fogo baixo. Quando aquecer, regue com ½ colher (sopa) de azeite, acrescente a cebola fatiada e tempere com uma pitada de sal e outra de açúcar. Deixe cozinhar por cerca de 10 minutos, mexendo de vez em quando, até a cebola ficar bem dourada — não aumente o fogo para acelerar o processo, caso contrário, a cebola pode queimar em vez de caramelizar.

4. Transfira a cebola caramelizada para uma tigela. Aumente o fogo para médio e regue a frigideira com mais ½ colher (sopa) de azeite. Doure as tirinhas de frango, mexendo aos poucos para dourar por igual — isso leva cerca de 2 minutos.

5. Mantenha a panela em fogo médio. Junte a última ½ colher (sopa) de azeite, somente metade da cebola caramelizada e o alho e misture por apenas 1 minuto. Acrescente o arroz, ½ colher (chá) de sal e a pimenta síria e mexa muito bem.

6. Numa peneira, escorra a água e junte a lentilha à panela. Cubra com 1 xícara (chá) de água em temperatura ambiente e misture bem. Abaixe o fogo e deixe cozinhar com a tampa entreaberta, por cerca de 15 minutos, até a água secar.

7. Desligue o fogo e mantenha a panela tampada por 5 minutos, para que os grãos terminem de cozinhar no próprio vapor. Na hora de servir, transfira para um prato e junte o restante da cebola caramelizada.

RECEITA

Risoto de funghi

Fazer risoto para uma pessoa compensa? Ô, se compensa! Para deixar esta receita ainda mais prática, a dica é ter no congelador cenoura ralada e salsão picado, que vão direto para a panela quente.

SERVE 1 PORÇÃO | PREPARO **30 MINUTOS**

½ XÍCARA (CHÁ) DE ARROZ PARA RISOTO
¼ DE XÍCARA (CHÁ) DE FUNGHI SECO
¼ DE CEBOLA
2 COLHERES (SOPA) DE CENOURA RALADA
1 COLHER (SOPA) SALSÃO PICADO
1 DENTE DE ALHO
2 COLHERES (SOPA) DE VINHO TINTO

1 XÍCARA (CHÁ) DE ÁGUA FERVENTE
1½ COLHER (SOPA) DE AZEITE
SAL E PIMENTA-DO-REINO MOÍDA NA HORA A GOSTO
1 COLHER (SOPA) DE MANTEIGA
¼ DE XÍCARA (CHÁ) DE QUEIJO PARMESÃO RALADO
SALSINHA PICADA A GOSTO PARA SERVIR

PODE TROCAR: VINHO TINTO POR CALDO DE LIMÃO.

1. Numa tigela, coloque o funghi, cubra com 1 xícara (chá) de água fervente (ferva na panela em que vai preparar o risoto). Deixe hidratar por 5 minutos, enquanto prepara os outros ingredientes.

2. Descasque e pique fino a cebola e o alho. Pique e meça o salsão. Pique também a salsinha, uns 3 raminhos. Rale o queijo e reserve. Rale e meça a cenoura.

3. Apoie uma peneira sobre uma jarra medidora e escorra o funghi hidratado, pressionando delicadamente com uma colher para extrair todo o líquido. Junte água filtrada ao líquido da jarra até completar 500 ml e reserve — esse vai ser o caldo para o cozimento do risoto. Transfira os cogumelos para a tábua e corte em pedaços médios.

4. Leve uma panela média ao fogo médio. Quando aquecer, regue com 1 colher (sopa) de azeite, acrescente a cebola, tempere com uma pitada de sal e refogue por 2 minutos, até murchar. Junte a cenoura, o salsão e mexa por mais 2 minutos. Acrescente o funghi, o alho e misture por mais 1 minuto.

5. Regue com mais ½ colher (sopa) de azeite, junte o arroz e misture bem para envolver todos os grãos. Tempere com sal e pimenta a gosto.

6. Diminua o fogo para baixo. Regue com o vinho e mexa até secar. Acrescente 1 xícara (chá) do caldo de funghi reservado, misture e deixe cozinhar até começar a secar novamente — isso leva aproximadamente 5 minutos (nesta primeira etapa, não precisa ficar mexendo).

7. Regue com a metade do líquido e misture até secar. Repita o procedimento até que o risoto fique no ponto: ele deve estar bem cremoso, com os grãos *al dente*, ou seja, ainda firmes. Não deixe o caldo secar completamente: o risoto deve ficar úmido — pessoalmente, gosto dele bem úmido!

8. Desligue o fogo, misture a manteiga e o queijo parmesão ralado e sirva a seguir com salsinha picada a gosto.

Ralar vale a pena: quando você compra um pedaço de parmesão (ou outro tipo de queijo) para ralar em casa, garante que está levando queijo mesmo, sem os aditivos que costumam vir no produto empacotado — sem contar que ele é bem mais gostoso e derrete melhor do que as versões vendidas já raladas.

RECEITA

Batata rosti com queijo meia cura

Tem cara de prato elaborado, mas basta uma frigideira antiaderente para que a batata rosti perfeita esteja ao alcance de todos. Redonda, dourada e crocante por fora. Vai bem com uma saladinha de rúcula para acompanhar.

SERVE **1 PORÇÃO** | PREPARO **20 MINUTOS**

1 BATATA GRANDE (CERCA DE 250 G)

¼ DE XÍCARA (CHÁ) DE QUEIJO MEIA CURA RALADO GROSSO (CERCA DE 25 G)

½ COLHER (SOPA) DE AZEITE

SAL E PIMENTA-DO-REINO MOÍDA NA HORA A GOSTO

FOLHAS DE RÚCULA PARA SERVIR

PODE TROCAR: QUEIJO MEIA CURA POR MUÇARELA OU CEBOLA CARAMELIZADA.

1. Lave, descasque e passe a batata pela parte grossa do ralador. Transfira para o centro de um pano de prato limpo, forme uma trouxinha e torça bem sobre a pia para extrair o excesso de água da batata.

2. Transfira a batata para uma tigela e tempere com sal e pimenta-do-reino moída na hora.

3. Leve uma frigideira pequena antiaderente de 12 cm de diâmetro ao fogo baixo (caso a sua seja maior, na hora de colocar a batata, tente formar um disco com esse tamanho, aproximadamente). Quando aquecer, regue com o azeite e gire a frigideira para untar o fundo e laterais. Espalhe metade das batatas raladas, até cobrir todo o fundo (se a sua frigideira for de 12 cm). Pressione com uma espátula para nivelar e formar uma camada uniforme.

4. Polvilhe com o queijo ralado, deixando uma borda de cerca de 1 cm livre para evitar que o recheio grude nas laterais. Cubra com o restante das batatas raladas e, com a espátula, pressione para nivelar e fechar as laterais. Deixe cozinhar em fogo baixo por cerca de 6 minutos, até a parte de baixo dourar.

5. Para dourar o outro lado, retire a frigideira do fogo e, com uma espátula de silicone, solte as laterais e o fundo da batata rosti. Cubra a frigideira com um prato e vire de uma só vez. Deslize a batata rosti de volta para a frigideira, deixando o lado dourado para cima.

6. Volte a frigideira ao fogo baixo e deixe o outro lado cozinhar por mais 6 minutos. Desligue e solte novamente as laterais com a espátula de silicone. Transfira para um prato e sirva a seguir com as folhas de rúcula e o molho de mostarda e mel da p. 150.

RECEITA

Shakshuka com grão-de-bico

O nome é meio complicado? Pois o preparo é moleza! Neste clássico israelense, os ovos são cozidos num saboroso molho de tomate. Sirva com pão italiano e folhas de manjericão a gosto.

SERVE 1 PORÇÃO | **PREPARO** 25 MINUTOS

2 OVOS

1 LATA DE TOMATE PELADO EM CUBOS (400 G)

⅓ DE LATA DE GRÃO-DE-BICO EM CONSERVA, OU ½ XÍCARA (CHÁ) DE GRÃO-DE-BICO COZIDO, CASO QUEIRA COZINHAR OS GRÃOS

½ PIMENTÃO VERMELHO

½ CEBOLA

1 DENTE DE ALHO

1 COLHER (SOPA) DE AZEITE

1 PITADA DE PIMENTA CALABRESA EM FLOCOS

SAL A GOSTO

FOLHAS DE MANJERICÃO A GOSTO PARA SERVIR

PODE TROCAR: PIMENTA CALABRESA POR PIMENTA-DE-CAIENA, PÁPRICA PICANTE OU PIMENTA-DO-REINO; GRÃO-DE-BICO POR FEIJÃO BRANCO EM CONSERVA. SE DESEJAR, ADICIONE ORÉGANO SECO.

1. Descasque e pique fino a cebola e o alho separadamente. Lave, seque e corte o pimentão ao meio. Descarte as sementes e o cabo. Corte uma das metades do pimentão em cubinhos. Numa peneira, escorra o grão-de-bico. (O restante do grão-de-bico e a outra metade do pimentão duram 3 dias na geladeira ou 3 meses no congelador).

2. Leve uma frigideira de 24 cm de diâmetro ao fogo médio. Quando aquecer, regue com o azeite e acrescente a cebola e o pimentão. Tempere com uma pitada de sal e refogue por cerca de 6 minutos, até murcharem. Junte o alho e tempere com a pimenta calabresa — cuidado para não exagerar! Mexa por mais 1 minuto.

3. Abaixe o fogo, junte o tomate pelado (com o líquido), misture e deixe cozinhar por cerca de 4 minutos, mexendo de vez em quando, até o molho encorpar. Com uma colher, passe metade do molho para um pote e use em outras preparações (ele dura 3 dias na geladeira e até 3 meses no congelador).

4. Misture o grão-de-bico ao molho que ficou na frigideira e tempere com sal.

5. Com uma espátula, abra duas cavidades no molho. Numa tigela pequena, quebre um ovo de cada vez e despeje nas cavidades, com cuidado para não estourar a gema. Com um garfo, misture delicadamente parte das claras com o molho — dessa forma as claras cozinham por completo sem correr o risco de as gemas ficarem duras. Tempere cada um com uma pitada de sal e deixe cozinhar em fogo baixo por 2 minutos.

6. Tampe a frigideira e deixe cozinhar por mais 3 minutos, até que as claras fiquem cozidas e as gemas permaneçam moles (se preferir as gemas firmes, deixe cozinhar por mais tempo). Sirva com pão italiano e folhas de manjericão a gosto.

Enlatado pode? Industrializado não é sinônimo de ultraprocessado! Tanto o tomate pelado como o grão-de-bico em conserva são dois atalhos na cozinha que facilitam a vida e podem fazer parte de uma alimentação saudável. Pense neste exemplo: o abacaxi que você compra na feira é in natura; o abacaxi enlatado é processado. A fruta está ali, mas numa calda de açúcar. Já a gelatina de abacaxi tem cheiro, cor e sabor da fruta, mas nenhum dos nutrientes do abacaxi de verdade — é um ultraprocessado!

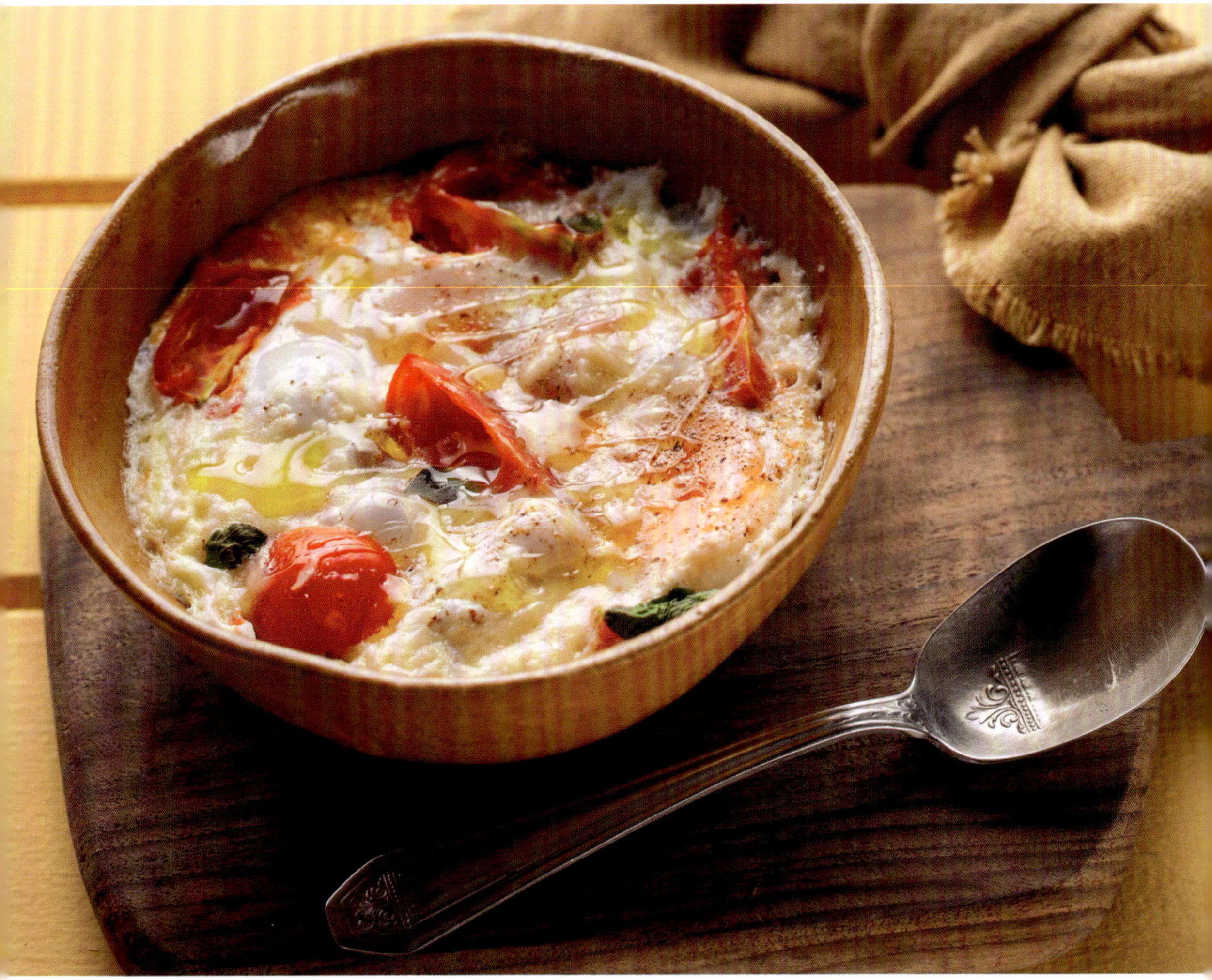

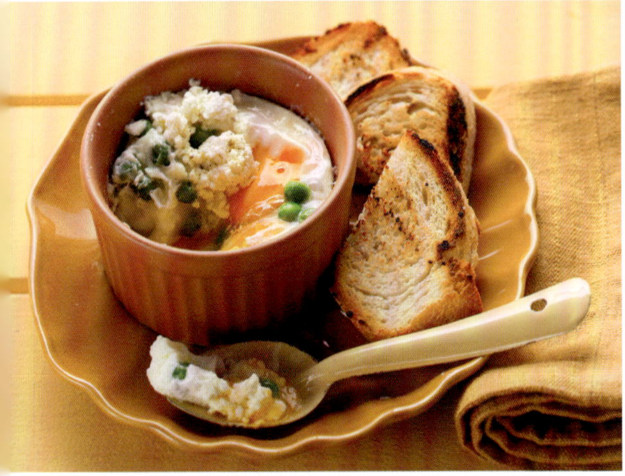

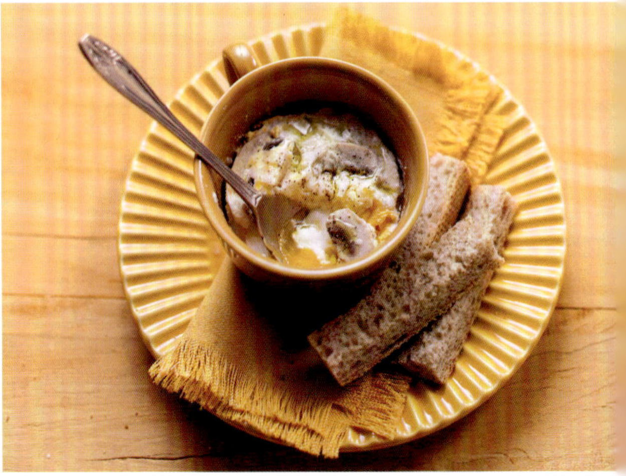

Ovo express

Quer uma refeição mais rápida ainda do que a shakshuka? Com ovo, tudo é possível! No micro-ondas, a cocotte fica pronta antes mesmo de você pensar em pedir uma pizza.

COCOTTE DE TOMATE E QUEIJO: 2 OVOS · 3 TOMATES-CEREJA CORTADOS EM QUARTOS · 1 COLHER (SOPA) DE QUEIJO PARMESÃO RALADO GROSSO · 4 FOLHAS DE MANJERICÃO · ½ COLHER (SOPA) DE LEITE · AZEITE · NOZ-MOSCADA · SAL · PIMENTA-DO-REINO. Descarte as sementes dos tomates — elas tornam a preparação muito líquida. Num ramequim individual (ou qualquer recipiente com capacidade para 250 ml que possa ir ao micro-ondas), coloque os tomates e o parmesão. Junte o manjericão e tempere com um fio de azeite, sal e pimenta-do-reino. Em outra tigela, quebre os ovos um de cada vez — se um deles estiver estragado, você não perde a receita — e transfira para o ramequim. Fure as gemas com um garfo. Acrescente o leite e tempere com uma pitada de sal e noz-moscada. Não precisa misturar. Leve para cozinhar no micro-ondas em potência média por 2 minutos e 30 segundos, para uma cocotte com gema mole, ou 3 minutos, para uma gema firme. (Claro que os tempos podem variar um pouco de aparelho para aparelho. Verifique e, se precisar, deixe cozinhar mais um pouco.)

COCOTTE COM ERVILHA E RICOTA: 2 OVOS · 2 COLHERES (SOPA) DE RICOTA ESFARELADA · 1 COLHER (SOPA) DE ERVILHA CONGELADA · ½ COLHER (SOPA) DE LEITE · AZEITE · NOZ-MOSCADA · SAL · PIMENTA-DO-REINO. Num ramequim individual (ou qualquer recipiente com capacidade para 250 ml que possa ir ao micro-ondas), coloque a ricota e tempere com uma pitada de sal e pimenta-do-reino. Junte a ervilha congelada — nem precisa descongelar — e siga o modo de preparo da receita anterior, a partir da adição dos ovos.

COCOTTE DE COGUMELOS: 2 OVOS · 3 COGUMELOS-DE-PARIS · ½ COLHER (SOPA) DE CALDO DE LIMÃO · 1 COLHER (SOPA) DE QUEIJO PARMESÃO RALADO · ½ COLHER (SOPA) DE LEITE · AZEITE · NOZ-MOSCADA · SAL · PIMENTA-DO-REINO. Limpe os cogumelos com um pano úmido e corte cada um deles em 3 fatias. Coloque num ramequim (ou qualquer recipiente com capacidade para 250 ml que possa ir ao micro-ondas), regue com o caldo de limão e polvilhe com o parmesão. Siga o modo de preparo da cocotte de tomate e queijo, a partir da adição dos ovos.

Rapidez é massa!

Versátil por natureza, o macarrão é aquela mão na roda na cozinha. E dá para deixar o preparo ainda mais fácil! Das três receitas a seguir, duas dispensam a etapa de escorrer a massa: o cozimento é feito junto com o molho.

Diferentemente do método tradicional, que pede bastante água para evitar que a massa grude, essa modalidade só usa líquido suficiente para garantir um macarrão *al dente* e um molho encorpado. Olha que engenhoso: o amido da própria massa vai ajudar a criar essa textura.

Na terceira receita, o talharim é cozido e escorrido como de costume, mas depois volta à mesma panela, para se juntar aos camarões refogados com alho. Nada mau ter camarões num jantar despretensioso no meio da semana, hein? É o tipo de luxo que a cozinha para um permite!

MAIS SABOR, MENOS LOUÇA

RECEITA

Macarrão à putanesca

O fusilli é cozido num molho farto, que fica mais encorpado e saboroso à medida que a massa chega ao ponto certo. Não dá para resistir: uma receita assim pede um pedaço de pão para limpar o prato, bem à italiana!

SERVE **1 PORÇÃO** | PREPARO **30 MINUTOS**

1 XÍCARA (CHÁ) DE FUSILLI DE GRANO DURO
4 FILÉS DE ANCHOVA
½ CEBOLA
1 DENTE DE ALHO
1 LATA DE TOMATE PELADO EM CUBOS (400 G)
¾ DE XÍCARA (CHÁ) DE ÁGUA
½ COLHER (SOPA) DE AZEITE
2 RAMOS DE MANJERICÃO
5 AZEITONAS PRETAS SEM CAROÇO
1 PITADA DE SAL
¼ DE COLHER (CHÁ) DE PIMENTA CALABRESA EM FLOCOS
QUEIJO PARMESÃO RALADO PARA SERVIR

PODE TROCAR: FUSILLI POR OUTRA MASSA CURTA DE GRANO DURO, COMO PENNE OU FARFALLE.

1. Descasque e pique fino a cebola e o alho separadamente. Lave e seque as folhas de manjericão. Corte as azeitonas em 4 pedaços.

2. Leve uma panela pequena ao fogo médio (a da foto tem 16 cm de diâmetro). Quando aquecer, regue com o azeite, acrescente a cebola, tempere com o sal e refogue por 3 minutos, até murchar. Adicione os filés de anchova e o alho e mexa por 1 minuto para desmanchar os filés.

3. Adicione o tomate pelado (com o líquido). Junte a água e misture bem. Acrescente o macarrão, as azeitonas e metade das folhas de manjericão. Tempere com a pimenta calabresa. Misture e, quando ferver, conte 5 minutos.

4. Passado esse tempo, tampe a panela e deixe cozinhar por mais 10 minutos, mexendo de vez em quando para que o macarrão não grude no fundo — o molho vai encorpar e o macarrão cozinhar ao mesmo tempo.. Transfira para um prato e decore com as folhas de manjericão restantes. Sirva a seguir com o queijo parmesão ralado.

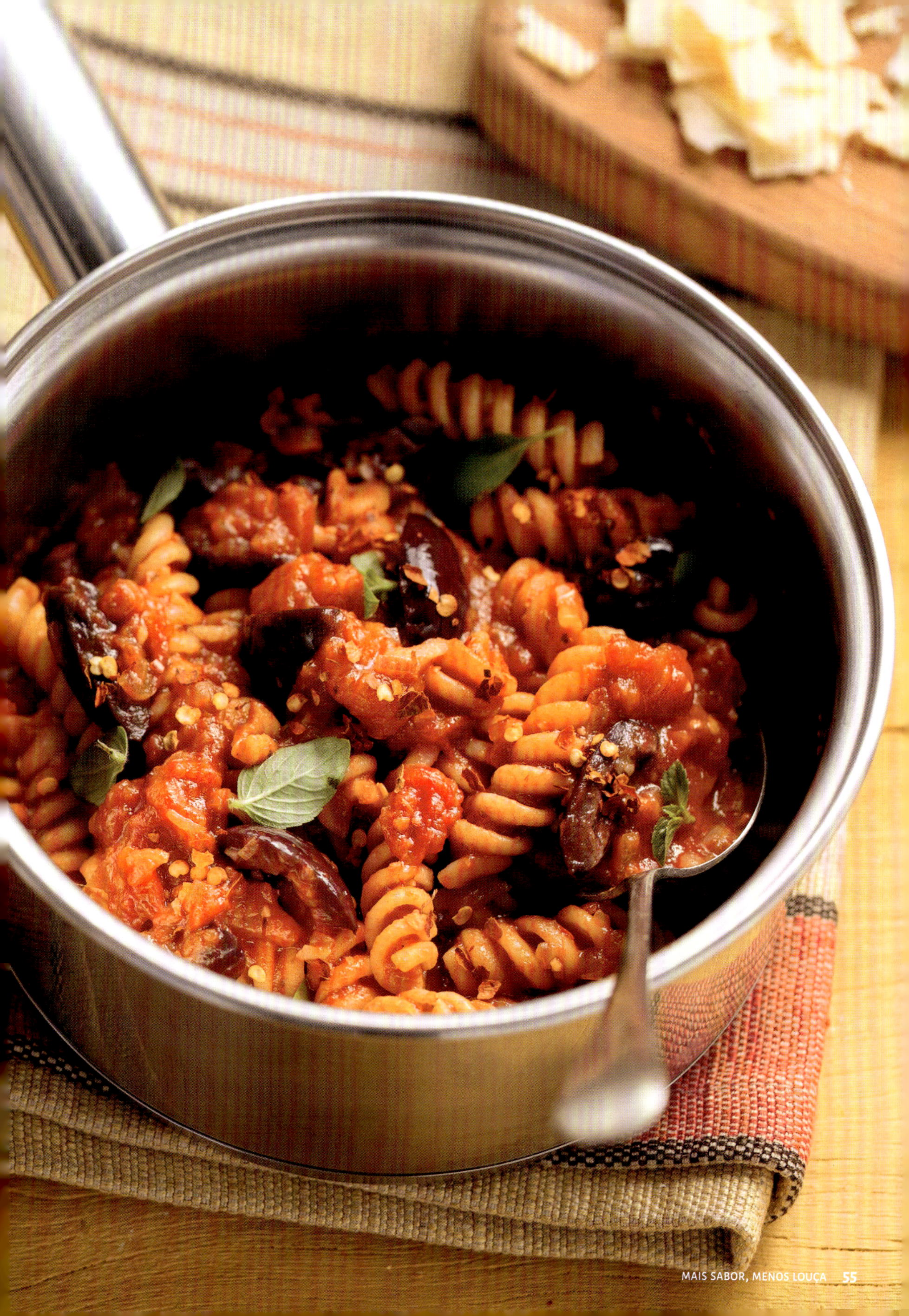

RECEITA

Macarrão com molho de cebola

O planejamento falhou? A despensa está uma desolação só? Nada de apelar para sopa de saquinho! Com cebola, manteiga e vinho branco, dá para preparar um molho surpreendente para a massa — e em questão de minutos. É comer para crer!

SERVE 1 PORÇÃO | **PREPARO 30 MINUTOS**

1 XÍCARA (CHÁ) DE PENNE DE GRANO DURO

1 CEBOLA

1 COLHER (SOPA) DE MANTEIGA

½ COLHER (CHÁ) DE SAL

¼ DE XÍCARA (CHÁ) DE VINHO BRANCO

1¼ DE XÍCARA (CHÁ) DE ÁGUA

AZEITE A GOSTO

3 RAMOS DE TOMILHO

PIMENTA-DO-REINO MOÍDA NA HORA A GOSTO

QUEIJO PARMESÃO RALADO A GOSTO

PODE TROCAR: PENNE POR OUTRA MASSA CURTA DE GRANO DURO; TOMILHO POR ALECRIM.

1. Descasque e corte a cebola ao meio e fatie cada metade em meias-luas de 1 cm. Lave e seque os ramos de tomilho.

2. Leve ao fogo baixo uma panela pequena, de pelo menos 16 cm de diâmetro. Regue com um fio de azeite, frite 1 ramo de tomilho por 1 minuto e reserve. Mantenha a panela em fogo baixo, acrescente a cebola, a manteiga e as folhas dos outros 2 ramos de tomilho. Tempere com sal e pimenta a gosto. Tampe e deixe a cebola cozinhar por 3 minutos. Aumente o fogo para médio, retire a tampa e deixe a cebola dourar por mais 5 minutos, mexendo de vez em quando.

3. Adicione o vinho branco e misture bem, raspando os queimadinhos do fundo da panela — eles vão dar sabor ao molho. Junte o macarrão, a água, misture e, quando começar a ferver, conte 5 minutos. Tampe a panela e deixe cozinhar por mais 10 minutos, em fogo médio — o molho se forma ao mesmo tempo que o macarrão cozinha.

4. Acrescente queijo ralado a gosto e misture bem. Transfira para um prato, sirva com o ramo de tomilho reservado e, se quiser, mais parmesão.

RECEITA

Macarrão com camarão e alho

Cozinhar camarão para um batalhão pode complicar o meio de campo. Mas, se for só para você, é um agrado que não abala o orçamento. Os outros ingredientes são o básico do básico. Aproveite!

SERVE **1 PORÇÃO** | PREPARO **25 MINUTOS**

100 G DE CAMARÃO TIPO CINZA PEQUENO, LIMPO (10 UNIDADES)
100 G DE TALHARIM DE GRANO DURO
2 DENTES DE ALHO
4 RAMOS DE SALSINHA
4 COLHERES (SOPA) DE AZEITE
SAL E PIMENTA-DO-REINO MOÍDA NA HORA A GOSTO

PODE TROCAR: CAMARÃO FRESCO POR CONGELADO (O TEMPO DE COZIMENTO NÃO MUDA, MAS ELE NÃO FICA DOURADO); SALSINHA POR COENTRO; TALHARIM POR OUTRA MASSA LONGA DE GRANO DURO.

1. Leve uma panela média com 2 litros de água ao fogo alto. Quando ferver, misture ½ colher (sopa) de sal e junte o macarrão. Deixe cozinhar até ficar *al dente*, conforme o tempo sugerido na embalagem — mexa de vez em quando com um garfo para soltar os fios e não grudar.

2. Enquanto isso, descasque e pique fino o alho. Lave, seque e pique grosseiramente a salsinha.

3. Assim que estiver cozido, escorra o macarrão e reserve. Passe uma água na panela, apenas para tirar o resíduo de amido da massa.

4. Volte a panela ao fogo médio. Quando aquecer, regue com 1 colher (sopa) de azeite, adicione os camarões, tempere com sal e pimenta-do-reino a gosto e deixe dourar por 1 minuto de cada lado — é jogo rápido, se cozinharem demais, podem ficar duros. Transfira para um prato e reserve.

5. Regue a panela com mais 3 colheres (sopa) de azeite, junte o alho picado e refogue por 1 minuto, até que ele comece a dourar e perfumar.

6. Volte o macarrão e o camarão para a panela e misture delicadamente. Desligue o fogo, misture a salsinha picada e sirva a seguir.

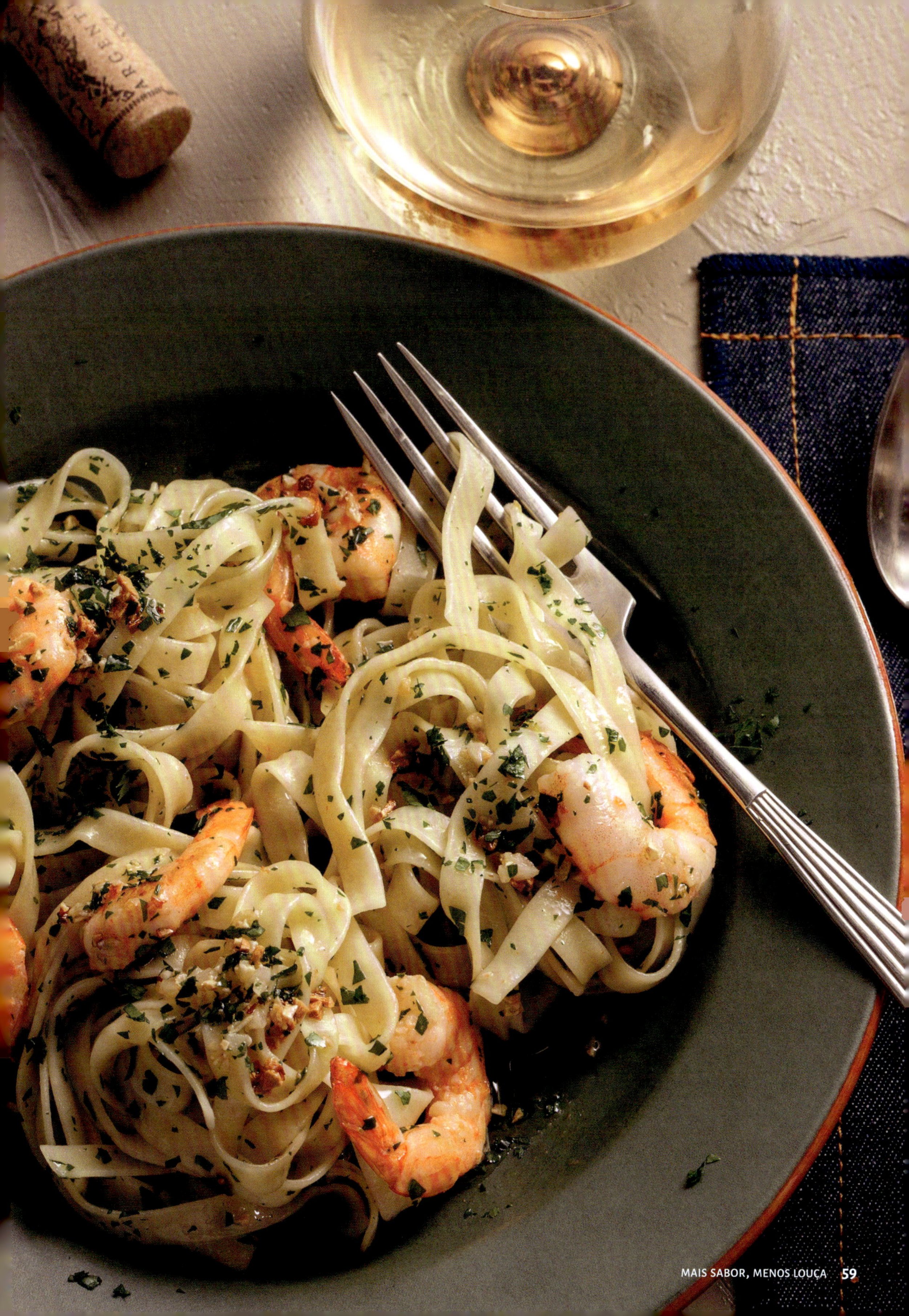
ARGENT

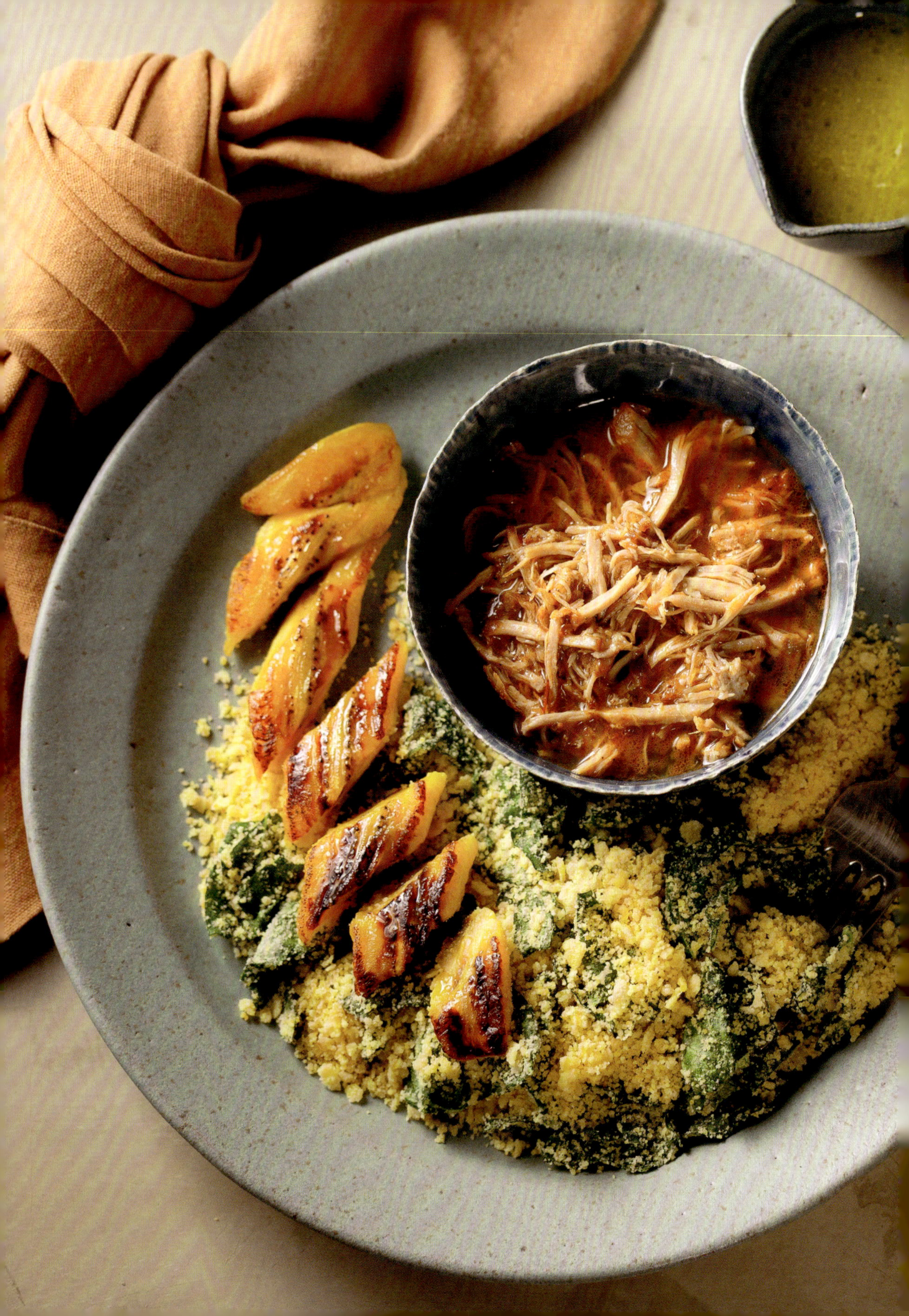

REAPROVEITAMENTO

O milagre da multiplicação

No princípio, era um cardápio. Que virou outra refeição e depois mais outra — com sabores e texturas diferentes, sem repeteco. Como isso é possível? Juntando planejamento com reaproveitamento, você transforma sobras programadas em deliciosas novidades na mesa.

No capítulo anterior, você aprendeu pratos completos feitos em uma panela só, com rendimento justinho para uma refeição. Mas e se a receita tiver sobras? Claro que sempre há a alternativa de requentar no micro-ondas, e fim de papo. Aqui, entretanto, a proposta é mais ambiciosa (e apetitosa): a partir de um cardápio-base, vamos deixar engatilhadas mais duas refeições completamente diferentes da primeira. Você vai garantir novidade na mesa, sem ter que começar as preparações do zero, e ainda vai evitar o desperdício. Mais do que usar as sobras, os cardápios deste capítulo trazem um reaproveitamento planejado. Ou seja, você cozinha já de olho nas refeições seguintes.

Em alguns casos, a receita rende mais de uma porção, como a carne moída com cebola caramelizada. A quantidade extra vai para a geladeira e, na refeição seguinte, vira um prato com jeitão árabe: arroz com carne moída, uva-passa e canela, servido com iogurte e ervas.

Em outros cardápios, a estratégia é adiantar etapas da próxima refeição. Um exemplo: vai assar uma berinjela temperada com cominho e mel para o almoço? Asse outra junto, inteira, e use a polpa para fazer bolinhos de berinjela no jantar. E vamos aproveitar mais esse forno quente: inclua na assadeira tomate, pimentão e cebola e garanta a base para uma sopa que fica pronta em 5 minutos — não é exagero!

As receitas dos cardápios estão na ordem em que elas devem ser feitas para você ganhar tempo. O rendimento de porções ou bases para outros pratos está indicado em cada receita. Agora, um conselho: separe a quantidade que vai ser utilizada nas preparações seguintes antes de começar a refeição. Assim, você não corre o risco de se empolgar com as delícias do cardápio e comer tudo de uma vez.

64	**CARDÁPIO-BASE** *Sobrecoxa assada + Arroz + Lentilha*	81	**CARDÁPIO-BASE** *Berinjela e tomates assados + Arroz sete grãos*
66	REAPROVEITAMENTO 1 *Salada oriental de arroz com frango*	84	REAPROVEITAMENTO 1 *Bolinhos de berinjela + Escarola refogada*
67	REAPROVEITAMENTO 2 *Sopa de lentilha + Pão com pastinha de alho*	85	REAPROVEITAMENTO 2 *Sopa de tomate assado*
70	**CARDÁPIO-BASE** *Pernil na cachaça + Farofa de couve + Banana grelhada*	86	**CARDÁPIO-BASE** *Salada de abobrinha + Polenta mole + Carne moída com cebola caramelizada*
72	REAPROVEITAMENTO 1 *Rolinho de couve com pernil*	89	REAPROVEITAMENTO 1 *Polenta grelhada + Abobrinha refogada + Ovo frito*
73	REAPROVEITAMENTO 2 *Tortinha de pernil + Vinagrete*	90	REAPROVEITAMENTO 2 *Arroz com carne moída + Iogurte cremoso com ervas frescas*
76	**CARDÁPIO-BASE** *Salmão assado com abóbora + Salada de trigo*	92	**CARDÁPIO-BASE** *Papilote de frango com brócolis + Cuscuz de milho*
79	REAPROVEITAMENTO 1 *Salada de salmão com feijão-branco*	94	REAPROVEITAMENTO 1 *Salada de cuscuz de milho com frango e avocado*
79	REAPROVEITAMENTO 2 *Quibe de abóbora com ricota + Molho de iogurte*	95	REAPROVEITAMENTO 2 *Orecchiette com brócolis*

CARDÁPIO-BASE

Sobrecoxa assada, arroz e lentilha

Além de supersaborosa, esta receita é cheia de estratégias para você ganhar tempo. Para assar a sobrecoxa, não precisa nem preaquecer o forno. E com porções extras de frango, arroz e lentilha, já estão garantidas outras duas refeições.

PARA A SOBRECOXA

SERVE **1 PORÇÃO + BASE PARA 1 PREPARAÇÃO**
PREPARO **15 MINUTOS + 55 MINUTOS NO FORNO**

3 SOBRECOXAS DE FRANGO COM PELE E OSSO (CERCA DE 600 G)
1 MAÇÃ FUJI
1 CABEÇA DE ALHO
1 LIMÃO-SICILIANO
½ COLHER (CHÁ) DE GENGIBRE EM PÓ
5 RAMOS DE TOMILHO
AZEITE A GOSTO
1 COLHER (CHÁ) DE SAL
PIMENTA-DO-REINO MOÍDA NA HORA A GOSTO

<u>PODE TROCAR:</u> GENGIBRE EM PÓ POR COENTRO EM PÓ; TOMILHO POR ALECRIM OU SÁLVIA.

1. Numa assadeira média, tempere as sobrecoxas de frango com o gengibre, 1 colher (chá) de sal e pimenta-do-reino a gosto — espalhe bem os temperos com as mãos, sobre e sob a pele.

2. Lave, seque e corte as maçãs em quartos, no sentido do comprimento. Corte uma tampa da cabeça de alho (oposta à raiz). Com o descascador de legumes, faça tiras da casca do limão, com cuidado para não cortar a parte branca — ela amarga a preparação.

3. Regue o frango com o caldo de limão. Distribua os pedaços de maçã, as tiras da casca de limão, a cabeça de alho e os ramos de tomilho na assadeira.

4. Regue com 2 colheres (sopa) de azeite. Cubra a assadeira com papel-alumínio e leve ao forno. Aqueça a 220 ºC (é sem preaquecer, mesmo!) e deixe assar por 30 minutos.

5. Retire o papel-alumínio e deixe o frango assar por mais 25 minutos ou até dourar. Enquanto isso prepare os acompanhamentos.

6. Reserve e leve à geladeira uma sobrecoxa (para a salada da p. 66) e o alho assado (para a pastinha da p. 68). Sirva as demais sobrecoxas com a maçã e o molho que se forma na assadeira — se quiser "roubar" uns dentes de alho e as cascas de limão para o seu prato, também pode!

PARA A LENTILHA

SERVE **4 PORÇÕES** | PREPARO **50 MINUTOS**

1 XÍCARA (CHÁ) DE LENTILHA
1 CEBOLA
2 DENTES DE ALHO
4 XÍCARAS (CHÁ) DE ÁGUA
1 COLHER (SOPA) DE AZEITE
½ COLHER (CHÁ) DE COMINHO EM PÓ
1 FOLHA DE LOURO
1 COLHER (CHÁ) DE SAL
PIMENTA-DO-REINO MOÍDA NA HORA A GOSTO

PODE TROCAR: COMINHO EM PÓ POR CÚRCUMA, PÁPRICA OU CURRY; ALHO POR ½ COLHER (SOPA) DE GENGIBRE FRESCO RALADO. EXPERIMENTE ACRESCENTAR CUBINHOS DE BACON.

1. Descasque e pique fino a cebola e os dentes de alho separadamente.

2. Leve uma panela média ao fogo médio. Quando aquecer, regue com o azeite, acrescente a cebola e refogue por 3 minutos, até começar a dourar.

3. Junte o alho, o cominho, o louro e a lentilha. Tempere com o sal, pimenta-do-reino a gosto e misture bem.

4. Regue com a água e, quando ferver, abaixe o fogo e tampe parcialmente a panela. Deixe cozinhar por 40 minutos, mexendo de vez em quando, até que os grãos estejam macios e o caldo levemente encorpado. Sirva uma porção com as sobrecoxas e o arroz (veja receita na p. 128). Reserve o restante da lentilha na geladeira, armazenando num recipiente com fechamento hermético, para a receita da p. 67.

REAPROVEITAMENTO 1

Salada oriental de arroz com frango

SERVE **1 PORÇÃO** | PREPARO **10 MINUTOS**

1 XÍCARA (CHÁ) DE ARROZ COZIDO
   (VEJA RECEITA NA P. 128)
1 SOBRECOXA ASSADA
   (VEJA RECEITA NA P. 64)
⅓ DE TALO DE SALSÃO
1 COLHER (SOPA) DE SHOYU (MOLHO DE SOJA)

1 COLHER (CHÁ) DE CALDO DE LIMÃO
2 COLHERES (CHÁ) DE AZEITE
½ PIMENTA DEDO-DE-MOÇA
CEBOLINHA FATIADA A GOSTO
GERGELIM BRANCO E PRETO TORRADO A GOSTO

PODE TROCAR: GERGELIM POR AMENDOIM TOSTADO; LIMÃO POR VINAGRE.

1. Com as mãos, desfie a sobrecoxa. Descarte pele e osso. Lave e corte um pedaço de 5 cm do talo de salsão. Fatie esse pedaço em tiras finas, no sentido do comprimento (não descarte o restante do salsão. As folhas e o talo podem ser congelados por até 3 meses).

2. Lave e corte 1 pimenta dedo-de-moça ao meio e descarte as sementes. Fatie uma metade em tirinhas. Dica: para evitar acidentes com dedos apimentados nos olhos, passe óleo ou azeite nas mãos depois de cortar as pimentas — a capsaicina, substância responsável pelo ardor, é lipossolúvel. Depois, lave as mãos com sabonete para tirar o óleo.

3. Numa tigela, misture o arroz com o shoyu, o azeite e o caldo de limão. Transfira para um prato, cubra com o frango desfiado e as tiras de salsão e de pimenta. Salpique com a cebolinha, o gergelim e sirva a seguir. Se quiser levar a salada como marmita, deixe para salpicar a cebolinha e o gergelim na hora de comer.

REAPROVEITAMENTO 2

Sopa de lentilha e pão com pastinha de alho

SERVE **1 PORÇÃO** | PREPARO **25 MINUTOS**

PARA A SOPA

A LENTILHA COZIDA RESERVADA (VEJA RECEITA NA P. 64) — CERCA DE 1 XÍCARA (CHÁ)

½ XÍCARA DE FOLHAS DE ESPINAFRE

1 COLHER (SOPA) DE CENOURA RALADA

1 COLHER (SOPA) DE SALSÃO CORTADO EM CUBINHOS

1 DENTE DE ALHO PICADO FINO

½ XÍCARA (CHÁ) DE ÁGUA

½ COLHER (SOPA) DE AZEITE

1 PITADA DE PÁPRICA DEFUMADA

SAL E PIMENTA-DO-REINO MOÍDA NA HORA A GOSTO

PODE TROCAR: PÁPRICA DEFUMADA POR PÁPRICA DOCE OU PIMENTA-DE-CAIENA.

1. Lave as folhas de espinafre sob a água corrente e reserve no escorredor enquanto prepara a sopa.

2. Leve uma panela pequena ao fogo médio. Quando aquecer, regue com o azeite, acrescente a cenoura, o salsão e tempere com uma pitada de sal. Refogue por 1 minuto, até murchar. Junte o alho, tempere com a páprica e mexa por 1 minuto para perfumar.

3. Regue com a água e misture bem para incorporar os sabores do refogado. Adicione a lentilha e aumente o fogo. Quando começar a ferver, deixe cozinhar por 3 minutos. Desligue o fogo.

4. Se quiser uma textura lisa, na própria panela, bata a sopa com um mixer, tomando cuidado para não espirrar. Se preferir uma sopa cremosa, mas ainda com textura, bata apenas parte dos grãos. Você também pode usar o liquidificador (segure a tampa com um pano de prato para evitar que o vapor force e abra a tampa). Se não quiser bater a sopa, vá direto para a etapa 5.

5. Misture as folhas de espinafre na sopa e volte a panela ao fogo médio. Deixe cozinhar por mais 2 minutos ou até as folhas ficarem macias, prove e ajuste o sal e a pimenta. Sirva a seguir com o pão com pasta de alho.

PARA O PÃO COM PASTINHA DE ALHO

SERVE **1 PORÇÃO**
PREPARO **10 MINUTOS**

1 CABEÇA DE ALHO ASSADO (VEJA RECEITA NA P. 64)
2 FATIAS DE PÃO ITALIANO

AZEITE E SAL A GOSTO

1. Leve uma frigideira ao fogo médio. Quando aquecer, doure as fatias de pão por cerca de 3 minutos de cada lado e reserve.

2. Com o garfo, esprema os dentes de alho, descarte a casca e transfira a polpa para uma tigela. Regue com um fio de azeite, tempere com uma pitada de sal e amasse para formar a pastinha.

3. Sirva com os pães torrados. Conserve a pasta na geladeira num recipiente fechado, coberta com uma camada de azeite — dura até 1 semana. Use para temperar molhos, purês e grelhados.

PRAZER, PANELA DE PRESSÃO

Está na hora de conhecer essa amigona, que é uma mão na roda para o preparo do pernil (e de uma infinidade de outras receitas, inclusive o nosso amado feijão). A panela de pressão leva, em média, um terço do tempo para cozinhar os alimentos, comparada às panelas convencionais. Não precisa ter medo, só respeito às regras de uso e aos cuidados de manutenção. Confira alguns procedimentos básicos:

- Ao colocar as preparações na panela, fique atento ao limite máximo de dois terços da capacidade. No caso de ingredientes secos, como feijão, que incham ao cozinhar, preencha só até a metade da panela.
- Nunca cozinhe nada sem líquido. Sem vapor e com muita pressão interna, a tampa da panela pode estourar. Quando ouvir o chiado, abaixe o fogo para o líquido não secar.
- Encoste na válvula e verifique se toda a pressão saiu. Se chiar, aguarde mais um pouco, caso contrário, pode abrir.
- A válvula de pressão deve sempre estar completamente desobstruída. Lave os orifícios sob água corrente após cada uso. Se necessário, use uma agulha para limpar os buraquinhos.
- Lave separadamente o anel de borracha que veda a tampa. Caso esteja ressecado e quebradiço, troque.
- Informação tranquilizadora: além da válvula que chia, toda panela de pressão tem um pino de segurança embutido na tampa. Se a válvula falhar, ele sobe e libera a pressão. Mas, se você cuidar direitinho da sua panela, ele nunca vai precisar entrar em ação. Algumas panelas ainda possuem um pino vermelho indicador de pressão. Ele sobe quando a panela pega pressão e abaixa quando já está seguro para a tampa ser aberta.

CARDÁPIO-BASE

Pernil na cachaça com farofa de couve e banana grelhada

Na panela de pressão, a carne de porco fica ultramacia, prontinha para ser desfiada e render muito assunto — depois desta refeição, o pernil ainda vai virar recheio de rolinhos e minitortas. Durante o cozimento, você já pode deixar a farofa e a banana no jeito para este cardápio com sotaque mineirinho.

PARA O PERNIL

SERVE **4 PORÇÕES** | PREPARO **45 MINUTOS**

- 600 G DE PERNIL SUÍNO EM PEÇA
- 1 CEBOLA
- 2 DENTES DE ALHO
- 1 COLHER (SOPA) DE EXTRATO DE TOMATE
- 1½ COLHER (SOPA) DE MEL
- ⅓ DE XÍCARA (CHÁ) DE CACHAÇA
- 2 XÍCARAS (CHÁ) DE ÁGUA
- CALDO DE 1 LIMÃO
- 1 COLHER (SOPA) DE GENGIBRE FRESCO RALADO
- 1 PIMENTA DEDO-DE-MOÇA
- 1 FOLHA DE LOURO
- 1½ COLHER (CHÁ) DE COMINHO EM PÓ
- AZEITE A GOSTO
- SAL E PIMENTA-DO-REINO MOÍDA NA HORA A GOSTO

PODE TROCAR: COMINHO EM PÓ POR COENTRO EM PÓ OU SEMENTE DE ERVA-DOCE; MEL POR MELADO DE CANA; GENGIBRE FRESCO PELA METADE DA QUANTIDADE DE GENGIBRE EM PÓ. EXPERIMENTE ADICIONAR TAMBÉM PIMENTÃO E TOMATE PICADO.

1. Descasque e corte a cebola ao meio e fatie cada metade em meias-luas de 1 cm. Descasque e pique fino o alho. Lave, seque e corte a pimenta dedo-de-moça ao meio, no sentido do comprimento; descarte as sementes e fatie as metades em tiras. Dica: para evitar acidentes com dedos apimentados nos olhos, passe óleo ou azeite nas mãos depois de cortar as pimentas — a capsaicina, substância responsável pelo ardor, é lipossolúvel. Depois, lave as mãos com sabonete para tirar o óleo.

2. Corte a peça de pernil em cubos grandes de 8 cm, descartando o excesso de gordura. Tempere com o cominho, sal e pimenta a gosto.

3. Leve a panela de pressão sem a tampa ao fogo médio. Quando aquecer, regue com 1 colher (sopa) de azeite e coloque os pedaços de pernil, um ao lado do outro, sem amontoar. Doure por 4 minutos de cada lado, transfira para uma tigela e reserve.

4. Mantenha a panela no fogo e acrescente 1 colher (sopa) de azeite. Junte a cebola, tempere com uma pitada de sal e refogue por 3 minutos, até murchar. Acrescente o alho, o gengibre, a pimenta, o extrato de tomate e o louro e refogue por mais 2 minutos.

5. Regue com a cachaça e raspe bem o fundo da panela com a espátula para dissolver os queimadinhos — esse procedimento é chamado de deglaçagem e serve para dar sabor ao molho.

6. Junte o caldo de limão, o mel e a água e misture bem. Volte os pedaços de pernil à panela, tampe e aumente o fogo. Quando começar a apitar, abaixe o fogo e deixe cozinhar por 25 minutos. Enquanto isso, prepare os acompanhamentos.

7. Desligue e, quando todo o vapor sair e a panela parar de apitar, abra a tampa. Com uma pinça, transfira os pedaços de pernil para uma travessa e desfie a carne com dois garfos. Junte ao molho que se formou na panela e sirva uma porção com a farofa de couve e a banana grelhada. Armazene o restante do pernil (com molho) na geladeira para as receitas das p. 72 e p. 74.

PARA A FAROFA DE COUVE

SERVE **1 PORÇÃO** | PREPARO **10 MINUTOS**

2 FOLHAS DE COUVE
½ XÍCARA (CHÁ) DE FARINHA DE MILHO AMARELA (FLOCADA)
1 DENTE DE ALHO PEQUENO PICADO FINO
25 G DE MANTEIGA
SAL E PIMENTA-DO-REINO MOÍDA NA HORA A GOSTO

1. Lave e seque bem a couve. Na tábua, corte e descarte os talos. Corte as folhas em quadrados de cerca de 3 cm.

2. Leve uma frigideira média com a manteiga ao fogo médio. Quando derreter, junte o alho e mexa por 1 minuto para perfumar.

3. Junte a couve, tempere com sal e pimenta-do-reino moída na hora a gosto e refogue por alguns segundos, até que a folha comece a murchar.

4. Adicione a farinha aos poucos, mexendo com uma espátula para incorporar. Deixe cozinhar por 1 minuto, mexendo de vez em quando para não queimar, até que fique crocante. Desligue o fogo, ajuste o sal e reserve.

PARA A BANANA GRELHADA

SERVE **1 PORÇÃO** | PREPARO **10 MINUTOS**

1 BANANA-DA-TERRA MADURA
AZEITE A GOSTO
SAL A GOSTO

1. Lave e seque a banana com a casca. Corte a banana ao meio, no sentido do comprimento. Embale uma das metades em filme e conserve na geladeira para a sobremesa a seguir. Descasque a outra metade.

2. Aqueça uma frigideira (de preferência antiaderente) em fogo médio. Regue com um fio de azeite e doure a banana por cerca de 3 minutos de cada lado, até ficar macia. Tempere com sal a gosto. Sirva a seguir com o pernil e a farofa de couve.

E A MEIA BANANA QUE SOBROU?

Não esqueça aquela metade da banana-da-terra na geladeira! Grelhada com açúcar, ela vira uma sobremesa ótima. O preparo é parecido ao da banana-nanica da p. 24. A diferença é que a banana-da-terra doura mais rapidamente do que a nanica: 3 minutos bastam. Se tiver sorvete de creme para servir, melhor ainda!

REAPROVEITAMENTO 1

Rolinho de couve com pernil

SERVE **1 PORÇÃO / 4 ROLINHOS** | PREPARO **20 MINUTOS**

4 FOLHAS DE COUVE

½ XÍCARA (CHÁ) DO PERNIL RESERVADO COM O MOLHO (VEJA RECEITA NA P. 70)

½ XÍCARA (CHÁ) DE ARROZ COZIDO (VEJA RECEITA NA P.128)

CALDO DE ½ LIMÃO

1 COLHER (SOPA) DE AZEITE

SAL E PIMENTA-DO-REINO MOÍDA NA HORA A GOSTO

PODE TROCAR: ARROZ BRANCO POR ARROZ INTEGRAL COZIDO.

1. Num pote de vidro (que tenha tampa), coloque o caldo de limão, o azeite, sal e pimenta-do-reino a gosto. Feche e chacoalhe bem para misturar. Reserve.

2. Leve uma frigideira grande com água ao fogo alto e misture 1 colher (chá) de sal. Enquanto isso, lave as folhas de couve. Quando a água ferver, mergulhe as folhas e deixe cozinhar por 1 minuto.

3. Com uma peneira, escorra a água do cozimento e resfrie as folhas sob água corrente — elas devem ficar macias o suficiente para enrolar, mas ainda crocantes ao morder. Seque cada uma com um pano de prato limpo.

4. Numa tigela, misture o pernil desfiado (com o molho do cozimento) e o arroz — esse é o recheio do rolinho.

5. Para montar: sobre a tábua, coloque uma folha de couve bem aberta; corte e descarte a ponta grossa do talo. Coloque ¼ do recheio, deixando cerca de 2 cm da base livre para que você consiga enrolar. Comece a enrolar, dobre as laterais para dentro e termine de enrolar até o fim da folha. Repita com as outras folhas.

6. Sirva a seguir com o molho de limão. As trouxinhas também são uma ótima opção de marmita: coloque os rolinhos e o molho em recipientes separados e mantenha na geladeira até a hora de consumir.

REAPROVEITAMENTO 2

Tortinha de pernil com vinagrete

SERVE **1 PORÇÃO** | PREPARO **1 HORA DE DESCANSO DA MASSA + 10 MINUTOS + 30 MINUTOS PARA ASSAR**

PARA A MASSA

1 XÍCARA (CHÁ) DE FARINHA DE TRIGO

50 G DE MANTEIGA GELADA, CORTADA EM CUBINHOS

2½ COLHERES (SOPA) DE ÁGUA GELADA

1 PITADA DE SAL

1. Numa tigela grande, misture a farinha com o sal. Junte a manteiga e, com a ponta dos dedos, beliscando os cubinhos, misture até ficar com aspecto de uma farofa grossa. Acrescente a água gelada e amasse até ficar lisa.

2. Modele uma bola, embrulhe com filme e leve à geladeira. Deixe descansar por, no mínimo, 1 hora (se preferir, faça a massa no dia anterior).

PARA A MONTAGEM

1 XÍCARA (CHÁ) DO PERNIL RESERVADO COM MOLHO (VEJA RECEITA NA P. 70)

1 COLHER (SOPA) DE MEL OU GELEIA DE LARANJA

½ COLHER (SOPA) DE FARINHA DE ROSCA

½ COLHER (SOPA) DE MANTEIGA GELADA

1 GEMA PARA PINCELAR

FARINHA DE TRIGO PARA POLVILHAR A BANCADA

PODE TROCAR: GELEIA DE LARANJA POR GELEIA DE DAMASCO OU DE ABACAXI.

1. Preaqueça o forno a 200 °C (temperatura média). Separe uma fôrma ou marmitex de 11 cm x 15 cm, com capacidade para 500 ml (se preferir, use 2 ramequins individuais de 9 cm de diâmetro por 5 cm de altura). Retire a massa da geladeira.

2. Numa tigela, coloque o pernil e, se possível, adicione mais 2 colheres (sopa) de molho. Junte o mel (ou a geleia), a farinha de rosca e misture bem com uma espátula. Reserve.

3. Com uma espátula (ou faca), corte a massa ao meio. Polvilhe a bancada com farinha de trigo e, com o rolo de macarrão (ou garrafa de vinho), abra uma das metades da massa até que fique com 0,5 cm de espessura e uma área maior do que o tamanho da fôrma (calcule uma margem de 4 cm de cada lado). Polvilhe farinha sob e sobre a massa para evitar que grude na bancada ou no rolo. (Se estiver usando ramequins individuais, corte as metades da massa novamente ao meio, formando 4 pedaços.)

4. Transfira a massa para a fôrma. Com as pontas dos dedos, pressione delicadamente para forrar todo o fundo e as laterais. Corte o excesso de massa com uma faca (ou carretilha).

5. Com uma colher, espalhe e nivele o recheio de pernil na massa. Distribua a manteiga gelada em pedaços.

6. Polvilhe mais farinha de trigo na bancada e abra a outra metade da massa. Transfira para a fôrma para cobrir o recheio. Pressione delicadamente as bordas com a ponta de um garfo para fechar bem — cuidado para não furar a massa. Com uma faca (ou carretilha) corte o excesso de massa. (Se estiver usando ramequins individuais, repita o procedimento para montar a segunda torta).

7. Com a ponta de uma faca, faça um corte em cruz no centro da torta — vai servir de válvula de escape do vapor do recheio na hora de assar. Numa tigela pequena, misture a gema com 1 colher (chá) de água e pincele a massa. Leve a torta ao forno para assar por cerca de 30 minutos, até ficar bem dourada.

8. Caso vá servir imediatamente, cuidado para não se queimar ao desenformar. Se for congelar, deixe amornar em temperatura ambiente, antes de levar ao congelador. Pode ser servida quente ou fria.

PARA O VINAGRETE

1 TOMATE CORTADO EM CUBINHOS
¼ DE CEBOLA ROXA PICADA FINO
2 COLHERES (SOPA) DE AZEITE
½ COLHER (SOPA) DE VINAGRE
SALSINHA PICADA A GOSTO
SAL E PIMENTA-DO-REINO MOÍDA NA HORA A GOSTO

Numa tigela, misture todos os ingredientes e tempere com sal e pimenta-do-reino moída na hora a gosto. Sirva com a tortinha.

Bônus: ainda sobrou carne? Congele e você tem até 3 meses para usar. Que tal um sanduíche de pernil no pão francês?

CARDÁPIO-BASE

Salmão assado com abóbora e salada de trigo

O peixe e a abóbora vão para o forno na mesma assadeira, com ajuda do papel-alumínio. Enquanto eles assam, você transforma o trigo num acompanhamento fresquinho e bem temperado. Nos próximos dias: o salmão vira salada, a abóbora e o trigo se juntam para formar um quibe. Que final feliz!

PARA O SALMÃO COM ABÓBORA

SERVE **2 PORÇÕES** | PREPARO **30 MINUTOS**

2 FILÉS DE SALMÃO COM PELE, DE CERCA DE 200 G CADA
½ ABÓBORA JAPONESA (CERCA DE 500 G)
2 DENTES DE ALHO
CALDO DE ½ LIMÃO
AZEITE A GOSTO
SAL E PIMENTA-DO-REINO MOÍDA NA HORA A GOSTO

1. Preaqueça o forno a 220 °C (temperatura alta).

2. Corte a abóbora em fatias (de cerca de 2,5 cm de espessura), descasque e corte as fatias em cubos. (Se preferir, compre já em cubos.) Amasse os dentes de alho com a lateral da lâmina da faca e descarte as cascas.

3. Transfira os cubos de abóbora e os dentes de alho para uma assadeira e faça um montinho. Regue com 2 colheres (sopa) de azeite, tempere com sal e pimenta-do-reino moída na hora a gosto e misture bem, com as mãos. Espalhe, ocupando apenas um lado da assadeira (o outro é para o salmão).

4. Corte uma folha de papel-alumínio de cerca de 50 cm de comprimento e coloque sobre um prato fundo, com a parte brilhante para cima. Regue com 1 colher (chá) de azeite e disponha os dois filés de salmão no centro, um ao lado do outro. Tempere com o caldo de limão, mais 1 colher (sopa) de azeite e sal a gosto.

5. Levante as extremidades do papel-alumínio e vá dobrando as pontas para fechar a trouxinha. Ela deve ficar bem alta para o ar circular, porém bem vedada para o vapor não escapar.

6. Transfira a trouxinha para a assadeira com as abóboras e leve ao forno para assar por 10 minutos. Retire apenas a trouxinha com o salmão da assadeira e reserve. Vire os cubos de abóbora com uma espátula e deixe assar por mais 10 minutos ou até que fiquem dourados e macios no interior.

7. Sirva 1 filé de peixe e metade dos cubos de abóbora com a salada de trigo. Reserve e refrigere o outro filé e o restante dos cubos de abóbora. Eles vão ser usados para as receitas da p. 79.

PARA A SALADA DE TRIGO

SERVE 1 PORÇÃO + BASE 1 PARA REAPROVEITAMENTO
PREPARO 25 MINUTOS + 20 MINUTOS DE GELADEIRA

¾ DE XÍCARA (CHÁ) DE TRIGO PARA QUIBE
2 XÍCARAS (CHÁ) DE ÁGUA
CALDO DE ½ LIMÃO
1 COLHER (CHÁ) DE SEMENTES DE COENTRO

¼ DE XÍCARA (CHÁ) DE NOZES PICADAS GROSSEIRAMENTE
2 RAMOS DE HORTELÃ
AZEITE A GOSTO
SAL E PIMENTA-DO-REINO MOÍDA NA HORA A GOSTO

PODE TROCAR: SEMENTES DE COENTRO POR SEMENTES DE ERVA-DOCE; NOZES POR OUTRA CASTANHA.

1. Numa tigela média, coloque o trigo, cubra com a água e deixe hidratar por 20 minutos.

2. Forre uma peneira com um pano de prato limpo e escorra a água do trigo. Una as pontas do pano, fazendo uma trouxinha, e torça para extrair bem o excesso de água do trigo hidratado.

3. Numa tigela média, misture 3 colheres (sopa) de azeite, o caldo de limão, as sementes de coentro e ½ colher (chá) de sal. Junte ¾ de xícara (chá) do trigo hidratado e misture bem.

Leve à geladeira por 20 minutos. Reserve o restante do trigo hidratado na geladeira para o quibe da p. 79.

4. Enquanto isso, coloque as nozes numa frigideira e leve ao fogo médio, mexendo de vez em quando, só até tostar. Retire da frigideira para não queimar. Lave e seque as folhas de hortelã.

5. Na hora de servir, misture bem a hortelã picada e as nozes ao trigo temperado. Sirva com a abóbora assada e o salmão.

Para facilitar a vida: assar o peixe em papilote, ou trouxinha, é uma ótima maneira de preparar esse tipo de alimento sem anunciar para toda a vizinhança o cardápio do dia — os aromas ficam bem guardados dentro do pacotinho. Para fazer a montagem mais facilmente, o segredo é usar um prato fundo como apoio para a folha de alumínio. Dessa forma, os líquidos não escorrem pelos lados enquanto você fecha as bordas. O método também funciona com outros alimentos, como você vai ver a seguir no cardápio de frango.

◯ REAPROVEITAMENTO 1

Salada de salmão com feijão-branco

SERVE **1 PORÇÃO** | PREPARO **10 MINUTOS**

1 FILÉ DE SALMÃO ASSADO RESERVADO
   (VEJA RECEITA NA P. 76)
½ LATA DE FEIJÃO-BRANCO EM CONSERVA, OU
   ¾ DE XÍCARA (CHÁ) DE FEIJÃO-BRANCO COZIDO,
   CASO QUEIRA COZINHAR OS GRÃOS
½ CEBOLA ROXA PEQUENA
3 COLHERES (SOPA) DE AZEITONA PRETA SEM CAROÇO
1 COLHER (SOPA) DE CALDO DE LIMÃO
RASPAS DE 1 LIMÃO
¼ DE XÍCARA (CHÁ) DE AZEITE
SALSINHA A GOSTO PARA SERVIR
SAL E PIMENTA-DO-REINO MOÍDA NA HORA A GOSTO

PODE TROCAR: FEIJÃO-BRANCO POR GRÃO-DE-BICO EM CONSERVA; AZEITONAS POR GOMOS DE LARANJA.

1. Com uma colher, quebre o peixe em lascas. Descasque e corte a cebola em meias-luas finas. Corte as azeitonas em quartos. Escorra ½ lata de feijão (transfira o restante para um pote de vidro; dura até 3 dias na geladeira ou até 3 meses no congelador. Quer uma sugestão de uso? A bisteca com feijão-branco da p. 38).

2. Numa tigela, misture o azeite, as raspas e o caldo de limão. Junte o feijão-branco, o salmão em lascas, a cebola e as azeitonas. Tempere com sal e pimenta-do-reino moída na hora a gosto e misture delicadamente. Sirva a seguir com as folhas de salsinha.

◯ REAPROVEITAMENTO 2

Quibe de abóbora com ricota e molho de iogurte

SERVE **1 PORÇÃO** | PREPARO **20 MINUTOS**

CUBOS DE ABÓBORA ASSADA RESERVADOS (VEJA RECEITA NA P. 76) — CERCA DE 1 ½ XÍCARA (CHÁ)	⅓ DE XÍCARA (CHÁ) DE RICOTA ESFARELADA
	2 RAMOS DE SALSINHA
	¼ DE COLHER (CHÁ) DE PIMENTA SÍRIA
TRIGO PARA QUIBE HIDRATADO RESERVADO (VEJA RECEITA NA P. 78) — CERCA DE ¾ DE XÍCARA (CHÁ)	NOZ-MOSCADA RALADA NA HORA A GOSTO
	AZEITE A GOSTO
	SAL A GOSTO

PODE TROCAR: RICOTA POR QUEIJO MINAS, CEBOLA CARAMELIZADA OU COGUMELOS FATIADOS; PIMENTA SÍRIA POR COMINHO EM PÓ; NOZ-MOSCADA POR PITADA DE CANELA.

1. Lave, seque e pique grosseiramente a salsinha. Transfira para uma tigela e junte a ricota e tempere com ½ colher (sopa) de azeite, noz-moscada e tempere com sal a gosto.

2. Em outra tigela, amasse a abóbora com um garfo, até ficar com consistência de purê. Junte o trigo hidratado, a pimenta síria, ¼ de colher (chá) de sal e misture bem.

3. Unte uma frigideira de 12 cm de diâmetro com 1 colher (chá) de azeite girando para cobrir o fundo e as laterais. Disponha metade da massa de abóbora e pressione com a espátula até cobrir o fundo e formar uma base uniforme (caso sua frigideira seja maior, tente formar um círculo de massa com 12 cm de diâmetro.

4. Espalhe o recheio de ricota sobre a base do quibe e cubra com o restante da massa de abóbora. Com a espátula, pressione para nivelar e fechar bem as laterais.

5. Leve a frigideira tampada (com qualquer tampa!) ao fogo baixo e deixe cozinhar por 7 minutos, até dourar a base. Para dourar o outro lado: retire a frigideira do fogo e, com a espátula, solte as laterais do quibe. Deslize o quibe para um prato, cubra com a frigideira e vire o prato de uma só vez, deixando a parte dourada para cima.

6. Volte a frigideira ao fogo baixo e deixe o quibe cozinhar por mais 7 minutos. Desligue o fogo e transfira para um prato. Sirva a seguir com salada de folhas e molho de iogurte.

PARA O MOLHO DE IOGURTE

SERVE **1 XÍCARA (CHÁ)** | PREPARO **2 MINUTOS**

1 POTE DE IOGURTE NATURAL (170 G)	1 PITADA DE PIMENTA SÍRIA
1 COLHER (SOPA) DE AZEITE	SAL A GOSTO
1 DENTE DE ALHO	

Amasse o dente de alho com a lateral da faca e descarte a casca. Num pote de vidro (que tenha tampa), coloque o dente de alho e os demais ingredientes. Tampe e chacoalhe para misturar. Dura até 2 dias na geladeira. Fica ótimo com várias outras receitas, como a berinjela assada (p. 81) e o quibe assado com cebola (p. 110).

CARDÁPIO-BASE

Berinjela e tomate assados com arroz sete grãos

Você liga o forno uma vez e deixa legumes preparados para 3 refeições! No primeiro cardápio tem berinjela com tomate, pimentão e cebola. Para completar, o arroz ganha damasco e castanha-de-caju. Sim, é a receita da capa do livro!

PARA A BERINJELA E O TOMATE

SERVE **1 PORÇÃO + BASE PARA 2 PREPARAÇÕES**
PREPARO **50 MINUTOS**

2 BERINJELAS
½ PIMENTÃO VERMELHO
3 TOMATES
½ CEBOLA
1 DENTE DE ALHO

1 COLHER (SOPA) DE MEL
¼ DE COLHER (CHÁ) DE COMINHO
AZEITE A GOSTO
SAL E PIMENTA-DO-REINO MOÍDA NA HORA A GOSTO

PODE TROCAR: COMINHO POR PÁPRICA, GENGIBRE EM PÓ OU SEMENTES DE ERVA-DOCE; PIMENTÃO POR CENOURA; CEBOLA POR ALHO-PORÓ.

1. Preaqueça o forno a 220 °C (temperatura média).

2. Numa tigela pequena, misture 2 colheres (sopa) de azeite com o mel, o cominho e tempere com sal a gosto.

3. Lave, seque e corte 1 berinjela ao meio, no sentido do comprimento. Com a ponta da faca, corte superficialmente a polpa da berinjela, formando losangos — assim o molho penetra e tempera por igual.

4. Disponha as metades da berinjela numa assadeira grande, uma ao lado da outra, com a polpa para cima. Com uma colher, espalhe o molho sobre cada uma delas.

5. Lave, seque e fure toda a casca da outra berinjela com um garfo. Transfira para a mesma assadeira.

6. Lave, seque e corte os tomates ao meio. Corte a cebola em quartos, passando a faca pela raiz e — assim as camadas permanecem unidas. Descasque os gomos. Lave, seque e corte 1 pimentão ao meio. Corte uma metade em tiras de 1 cm (guarde a outra metade num saco com fechamento hermético; dura até 3 dias na geladeira ou 3 meses no congelador). Descasque o dente de alho.

7. Ao redor das berinjelas, disponha o pimentão, a cebola, o alho e as metades de tomate com o lado cortado para cima — assim, ele solta menos água. Regue com 2 colheres (sopa) de azeite e tempere com sal e pimenta-do-reino a gosto.

8. Leve ao forno para assar por cerca de 40 minutos, até que as berinjelas e os outros legumes estejam macios e dourados. Enquanto isso, prepare o arroz.

9. Reserve uma das metades da berinjela por até 2 dias na geladeira. Para a sopa da p. 85, reserve 2 tomates, o alho, ½ cebola e metade das tiras de pimentão. A outra berinjela inteira vai virar o bolinho da p.84.

10. Sirva a berinjela com os legumes restantes, o arroz sete grão e o molho de iogurte da p. 80.

PARA O ARROZ SETE GRÃOS

SERVE **1 PORÇÃO** | PREPARO **25 MINUTOS**

⅓ DE XÍCARA (CHÁ) DE ARROZ SETE GRÃOS
2 DAMASCOS SECOS
2 COLHERES (SOPA) DE CASTANHA-DE-CAJU
2 COLHERES (SOPA) DE AZEITE
½ COLHER (SOPA) DE VINAGRE DE VINHO BRANCO
SAL E PIMENTA-DO-REINO MOÍDA NA HORA A GOSTO
FOLHAS DE COENTRO A GOSTO

1. Corte os damascos em cubinhos e reserve. Pique grosseiramente a castanha-de-caju.

2. Leve uma panela com água ao fogo alto. Quando começar a ferver, junte o arroz e ½ colher (chá) de sal. Diminua o fogo para médio e deixe cozinhar por 20 minutos, como se fosse macarrão — os grãos devem ficar cozidos, mas ainda firmes.

3. Numa peneira, escorra a água e passe o arroz sob água corrente — para esfriar e cessar o cozimento. Deixe escorrer bem. Transfira para uma tigela e misture com o damasco e a castanha. Tempere com o azeite, o vinagre, sal e pimenta-do-reino e finalize com folhas de coentro a gosto. Sirva com a berinjela.

REAPROVEITAMENTO 1

Bolinhos de berinjela com escarola refogada

PARA OS BOLINHOS

SERVE **3 UNIDADES** | PREPARO **20 MINUTOS**

1 BERINJELA ASSADA RESERVADA (VEJA RECEITA NA P. 81)

½ XÍCARA (CHÁ) DE FARINHA DE ROSCA

1 ALHO PICADO FINO

1 OVO

2 COLHERES (SOPA) DE QUEIJO PARMESÃO RALADO

1 COLHER (SOPA) DE SALSINHA PICADA

1½ COLHER (SOPA) DE AZEITE

SAL E PIMENTA-DO-REINO A GOSTO

PODE TROCAR: SALSINHA POR COENTRO; QUEIJO PARMESÃO POR GRUYÈRE, EMMENTAL OU MUÇARELA.

1. Corte a berinjela assada ao meio, raspe a polpa, transfira para uma peneira e pressione delicadamente com uma colher. Deixe escorrer sobre uma tigela por 5 minutos, para drenar o excesso de líquido.

2. Pique fino a polpa da berinjela e transfira para uma tigela. Misture com ¼ de xícara (chá) de farinha de rosca, o queijo parmesão, a salsinha, o alho e o ovo, e tempere com sal e pimenta-do-reino a gosto. Atenção: a massa crua do bolinho tem a consistência mole.

3. Num prato raso, coloque o restante da farinha de rosca.

4. Divida a massa em 3 porções. Com as mãos, modele cada uma numa bolota e achate levemente, como se fosse um mini-hambúrguer. Passe cada bolinho pela farinha, pressionando delicadamente com as mãos para empanar toda a superfície.

5. Leve uma frigideira antiaderente ao fogo médio. Quando aquecer, regue com 1½ colher (sopa) de azeite e disponha os bolinhos um ao lado do outro. Se não couberem todos, faça em levas. Deixe dourar por 2 a 3 minutos de cada lado.

PARA ESCAROLA REFOGADA

8 FOLHAS DE ESCAROLA
1 DENTE DE ALHO DESCASCADO E AMASSADO
1 COLHER (SOPA) DE AZEITE
1 COLHER (SOPA) DE VINAGRE BALSÂMICO
SAL A GOSTO

1. Lave e seque as folhas de escarola. Empilhe uma folha sobre a outra, enrole e corte em tiras de 1,5 cm.

2. Coloque o azeite e o alho numa frigideira. Leve ao fogo médio e, quando começar a perfumar, junte a escarola e o vinagre balsâmico. Misture rapidamente, só até as folhas começarem a murchar. Tempere com sal e sirva a seguir com os bolinhos de berinjela.

REAPROVEITAMENTO 2

Sopa de tomate assado

SERVE **1 PORÇÃO** | PREPARO **5 MINUTOS**

2 TOMATES ASSADOS RESERVADOS
½ DE CEBOLA ASSADA RESERVADA
3 TIRAS DE PIMENTÃO ASSADO RESERVADO
1 DENTE DE ALHO ASSADO RESERVADO
   (VEJA COMO ASSAR OS LEGUMES NA P. 81)
½ XÍCARA (CHÁ) DE ÁGUA
AZEITE A GOSTO
1 PITADA DE PIMENTA CALABRESA EM FLOCOS
SAL E PIMENTA-DO-REINO MOÍDA NA HORA A GOSTO
FOLHAS DE MANJERICÃO A GOSTO PARA SERVIR
RICOTA ESFARELADA A GOSTO PARA SERVIR
CROÛTONS PARA SERVIR

PODE TROCAR: PIMENTA CALABRESA POR PIMENTA-DE-CAIENA, CURRY OU PÁPRICA; RICOTA POR QUEIJO COTTAGE.

1. No liquidificador, bata os legumes assados com a pimenta calabresa e a água, até a mistura ficar lisa.

2. Transfira a sopa batida para uma panela e leve ao fogo médio. Quando ferver, diminua o fogo e deixe cozinhar por 2 minutos — a sopa vai apurar o sabor. Prove e ajuste o sal. Sirva a seguir com folhas de manjericão, croûtons e ricota esfarelada a gosto.

CARDÁPIO-BASE

Salada de abobrinha, polenta mole e carne moída com cebola caramelizada

Já experimentou salada de abobrinha crua? Com limão e azeite, fica uma delícia, mas aqui ela ainda ganha o sabor e a textura de uma farofa de pão e castanha-de-caju bem crocante. Você pode começar o preparo do cardápio por esse acompanhamento e depois partir para a carne moída (que vai ser feita em dose dupla, para sobrar para a refeição seguinte). Deixe a polenta por último, para garantir que ela esteja quentinha e cremosa na hora de ir para o prato.

PARA A FAROFA DE PÃO E CASTANHA-DE-CAJU

SERVE ⅓ DE XÍCARA (CHÁ)
PREPARO **10 MINUTOS**

1 FATIA COM CERCA DE 2 CM DE PÃO AMANHECIDO
2 COLHERES (SOPA) DE CASTANHA-DE-CAJU
1 DENTE DE ALHO
1½ COLHER (SOPA) DE AZEITE
SAL A GOSTO

1. Amasse o dente de alho com a lateral de uma faca e descarte a casca. Corte o pão em pedaços.

2. No miniprocessador de alimentos, bata o pão com uma pitada de sal até formar uma farofa grossa. Junte a castanha-de-caju e bata no modo pulsar, apenas para triturar. Se preferir, pique fino o pão com uma faca, junte a castanha e pique os dois juntos mais um pouco.

3. Leve uma frigideira pequena com o azeite e o alho ao fogo baixo. Deixe o dente de alho cozinhar por 2 minutos, apenas para perfumar o azeite.

4. Retire e descarte o dente de alho. Junte a mistura de pão e castanha e mexa com uma espátula, por cerca de 2 minutos, até dourar. Transfira para uma tigela e deixe esfriar.

PARA A SALADA DE ABOBRINHA

SERVE **1 PORÇÃO** | PREPARO **10 MINUTOS**

½ ABOBRINHA ITALIANA
CALDO DE ½ LIMÃO
1 COLHER (SOPA) DE AZEITE
SAL E PIMENTA-DO-REINO MOÍDA NA HORA A GOSTO

1. Lave e seque 1 abobrinha. Com um mandolim ou fatiador de legumes (com lâmina específica), corte metade da abobrinha em fios, no sentido do comprimento. Se preferir, corte em tirinhas com uma faca. A outra metade, leve à geladeira num saco plástico com fecho hermético — ela vai ser usada na receita da p. 89.

2. Transfira a abobrinha fatiada para uma tigela e tempere com o azeite, o caldo de limão, sal e pimenta a gosto. Na hora de servir, polvilhe com a farofa de pão.

PARA A CARNE MOÍDA COM CEBOLA CARAMELIZADA

SERVE **2 PORÇÕES**
PREPARO **25 MINUTOS**

250 G DE PATINHO MOÍDO
1 CEBOLA
1½ COLHER (SOPA) DE MOLHO INGLÊS
⅓ DE XÍCARA (CHÁ) DE ÁGUA
2 COLHERES (SOPA) DE AZEITE
1 PITADA DE AÇÚCAR
CEBOLINHA PICADA A GOSTO PARA SERVIR
SAL E PIMENTA-DO-REINO MOÍDA NA HORA A GOSTO

PODE TROCAR: CEBOLINHA POR SALSINHA; MOLHO INGLÊS POR UMA COMBINAÇÃO DE ESPECIARIAS, COMO CRAVO EM PÓ, PÁPRICA E COMINHO EM PÓ.

1. Retire a carne moída da geladeira e mantenha em temperatura ambiente, enquanto prepara os outros ingredientes — ela não pode estar gelada na hora de ir para a panela.

2. Descasque, corte ao meio e fatie a cebola em meias-luas finas. Leve uma frigideira média ao fogo médio. Quando aquecer, regue com 1 colher (sopa) de azeite, acrescente a cebola, tempere com uma pitada de sal e outra de açúcar e deixe cozinhar, mexendo de vez em quando, por cerca de 15 minutos, até caramelizar — se começar a queimar, abaixe o fogo e regue o fundo com um pouco de água.

3. Transfira as cebolas caramelizadas para um prato. Regue com 1 colher (sopa) de azeite, aumente o fogo para alto e acrescente a carne moída em montinhos. Não mexa por 1 minuto para a carne dourar — isso dá sabor ao preparo. Tempere com sal e refogue por cerca de 5 minutos, mexendo de vez em quando, com a espátula, para soltar os pedaços de carne e dourar por igual.

4. Acrescente o molho inglês e mexa por mais 1 minuto. Regue com a água e misture bem, raspando o fundo da panela para dissolver os queimadinhos. Junte a cebola caramelizada, misture bem e desligue o fogo.

5. Transfira metade da preparação para um pote, deixe esfriar e mantenha na geladeira, até usar na receita da p. 90. Misture a cebolinha à outra metade e mantenha na frigideira enquanto prepara a polenta.

PARA A POLENTA MOLE

SERVE **2 PORÇÕES** | PREPARO **15 MINUTOS**

½ XÍCARA (CHÁ) DE FUBÁ PRÉ-COZIDO
500 ML DE ÁGUA
2 COLHERES (SOPA) DE QUEIJO
   PARMESÃO RALADO

½ COLHER (CHÁ) DE SAL
1 COLHER (SOPA) DE MANTEIGA
PIMENTA-DO-REINO MOÍDA
   NA HORA A GOSTO

1. Numa panela média, leve a água ao fogo médio. Quando ferver, abaixe o fogo e misture o sal. Com uma mão, despeje o fubá aos poucos, em fio constante; com a outra, vá mexendo com um batedor de arame para não empelotar.

2. Mexa por 6 minutos, até engrossar. Desligue o fogo, adicione a manteiga e o queijo ralado e misture bem.

3. Antes de a polenta esfriar, transfira metade dela para um refratário pequeno, de cerca de 10 cm x 10 cm, e nivele com uma espátula (pode ser um desses potes quadrados de vidro para armazenar comida). O importante é que a polenta fique com cerca de 2 cm de espessura. Cubra com filme e leve à geladeira para firmar — essa porção vai ser grelhada na próxima refeição (veja abaixo).

4. Sirva a outra metade com a carne moída.

REAPROVEITAMENTO 1

Polenta grelhada com abobrinha e ovo frito

SERVE **1 PORÇÃO** | PREPARO **20 MINUTOS**

PARA A ABOBRINHA

½ ABOBRINHA RESERVADA
¼ DE XÍCARA (CHÁ) DE ERVILHA CONGELADA
1 DENTE DE ALHO
2 RAMOS DE HORTELÃ

1 COLHER (SOPA) DE AZEITE
SAL E PIMENTA-DO-REINO MOÍDA
   NA HORA A GOSTO

1. Corte a metade reservada da abobrinha ao meio, no sentido do comprimento, e fatie em pedaços de 1,5 cm. Descasque e pique fino o alho. Lave e seque a hortelã.

2. Leve uma frigideira antiaderente ao fogo médio. Quando aquecer, regue com 1 colher (sopa) de azeite. Acrescente a abobrinha, tempere com sal e pimenta-do-reino moída na hora a gosto e refogue por 2 minutos, até dourar. Junte o alho e a ervilha congelada e mexa por 1 minuto, para o alho perfumar e a ervilha descongelar e aquecer.

3. Desligue o fogo, misture as folhas de hortelã e reserve para servir com a polenta grelhada e o ovo frito.

PARA A POLENTA E O OVO FRITO

1 PORÇÃO DE POLENTA RESERVADA
    (VEJA A RECEITA NA P. 89)
1 OVO
AZEITE A GOSTO
SAL E PIMENTA-DO-REINO MOÍDA
    NA HORA A GOSTO

1. Passe apenas um papel-toalha na frigideira e leve ao fogo médio. Quando aquecer, doure a polenta por cerca de 5 minutos de cada lado. Transfira para o prato.

2. Numa tigela pequena, quebre o ovo com cuidado para não estourar a gema.

3. Volte a frigideira antiaderente ao fogo baixo e regue com um fio de azeite — eu gosto de colocar também um pouco de manteiga! Transfira o ovo delicadamente para a frigideira. Tempere com sal e pimenta-do-reino e deixe fritar por 3 minutos, até que a clara esteja cozida, mas a gema ainda mole. Sirva a seguir com a abobrinha refogada e a polenta grelhada.

REAPROVEITAMENTO 2

Arroz com carne moída e iogurte cremoso

SERVE **1 PORÇÃO**
PREPARO **1H PARA DRENAR O IOGURTE + 5 MIN**

PARA O IOGURTE

1 POTE DE IOGURTE NATURAL (170 G)

1. Forre uma peneira com um pano de algodão fino e apoie sobre uma tigela. Coloque o iogurte na peneira e deixe drenar na geladeira por cerca de 1 hora — ele vai ficar com a consistência mais firme.

2. Transfira o iogurte para uma tigela e sirva a seguir. Se preferir, mantenha na geladeira até a hora de consumir.

PARA O ARROZ

¾ DE XÍCARA (CHÁ) DE ARROZ COZIDO (VEJA RECEITA NA P. 128)
A CARNE MOÍDA COM CEBOLA CARAMELIZADA RESERVADA (VEJA RECEITA NA P. 88) — CERCA DE ¾ DE XÍCARA (CHÁ)
2 COLHERES (SOPA) DE UVA-PASSA BRANCA
3 COLHERES (SOPA) DE ÁGUA FILTRADA
AZEITE A GOSTO
1 PITADA DE CANELA EM PÓ
SAL E PIMENTA-DO-REINO MOÍDA NA HORA A GOSTO
FOLHAS DE SALSINHA E DE HORTELÃ A GOSTO

PODE TROCAR: CANELA EM PÓ POR PIMENTA SÍRIA; UVA-PASSA POR NOZES.

1. Lave e seque as folhas de salsinha e hortelã.

2. Leve uma frigideira média ao fogo médio. Quando aquecer, regue com 1 colher (sopa) de azeite, acrescente o arroz, a canela e mexa por 2 minutos, até o arroz aquecer.

3. Misture a carne moída e a uva-passa e mexa por mais 1 minuto. Regue com a água e misture bem. Sirva a seguir com o iogurte cremoso e as ervas.

CARDÁPIO-BASE

Papilote de frango com brócolis e cuscuz de milho

Enquanto a farinha de milho do cuscuz hidrata, você faz o pré-preparo do papilote. Os dois cozinham quase ao mesmo tempo — um no vapor e o outro no forno, junto com floretes de brócolis. Depois desta refeição, cuscuz e frango se encontram de novo em forma de salada e o brócolis assado volta com tudo numa massa surpreendente.

PARA O CUSCUZ

Faça 2 porções da receita da p. 28. Basta dobrar as quantidades e seguir o mesmo modo de preparo. Sirva metade do cuscuz com o papilote de frango e guarde a outra porção para a salada da p. 94.

PARA O PAPILOTE

SERVE **1 PORÇÃO + BASE PARA 2 PREPARAÇÕES**
PREPARO **35 MINUTOS**

- 2 FILÉS DE PEITO DE FRANGO (CERCA DE 200 G CADA)
- ½ MAÇO DE BRÓCOLIS COMUM
- 4 TOMATES-CEREJA
- ½ CEBOLA
- 4 COLHERES (SOPA) DE VINHO BRANCO
- 1 COLHER (CHÁ) DE PÁPRICA
- 1 RAMO DE SÁLVIA
- AZEITE A GOSTO
- SAL E PIMENTA-DO-REINO MOÍDA NA HORA A GOSTO

PODE TROCAR: SÁLVIA POR TOMILHO OU ALECRIM; VINHO BRANCO POR CALDO DE LIMÃO OU ÁGUA; PÁPRICA POR OUTRAS ESPECIARIAS COMO CÚRCUMA E CURRY.

1. Preaqueça o forno a 200 °C (temperatura média). Corte 2 folhas de papel-alumínio com cerca de 50 cm de comprimento para fazer o papilote.

2. Corte a cebola em 3 gomos passando a faca pela raiz e descasque. Corte o brócolis em ramos médios. Numa peneira, lave os ramos sob água corrente e deixe escorrer bem — quanto mais sequinhos estiverem, mais crocantes ficam.

3. Numa tigela, tempere os filés de frango com a páprica, sal e pimenta-do-reino a gosto, esfregando com as mãos para cobrir toda a superfície.

4. Para montar os papilotes: forre um prato fundo com uma das folhas do papel-alumínio, com a parte brilhante para cima. Regue com um fio de azeite, coloque 1 filé de frango, os gomos da cebola, a sálvia e os tomates. Junte 2 colheres (sopa) de vinho e mais 1 colher (sopa) de azeite e tempere os legumes com uma pitada de sal. Levante as extremidades do papel-alumínio e vá dobrando as pontas para fechar a trouxinha. Ela deve ficar bem alta para o ar circular, porém bem vedada para o vapor não escapar.

5. Com a outra folha de papel-alumínio, prepare um papilote com o outro filé de frango e 1 colher (sopa) de azeite. Disponha os 2 papilotes de um lado de uma assadeira grande.

6. Na outra metade da assadeira, coloque o brócolis e tempere com 2 colheres (sopa) azeite, sal e pimenta a gosto.

7. Leve ao forno para assar por 20 minutos — esse é o tempo certo para o brócolis dourar e o frango cozinhar, sem ressecar. Na metade do tempo, vire os brócolis para que dourem por igual.

8. Após os 20 minutos, retire do forno e abra o papilote de frango com legumes — cuidado para não se queimar com o vapor. Sirva com o cuscuz, metade do brócolis e o molho que se formou na trouxinha. Reserve o outro filé de frango para a receita da p. 94 e metade dos ramos de brócolis para o macarrão da p. 95 (cerca de 5 ramos).

REAPROVEITAMENTO 1

Salada de cuscuz de milho com frango e avocado

SERVE **1 PORÇÃO** | PREPARO **10 MINUTOS**

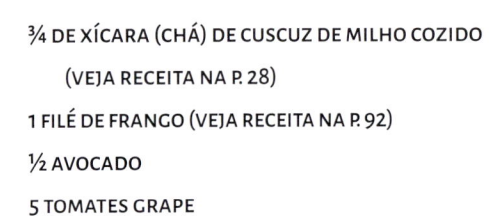

¾ DE XÍCARA (CHÁ) DE CUSCUZ DE MILHO COZIDO (VEJA RECEITA NA P. 28)

1 FILÉ DE FRANGO (VEJA RECEITA NA P. 92)

½ AVOCADO

5 TOMATES GRAPE

CALDO DE ½ LIMÃO

4 RAMOS DE COENTRO

AZEITE A GOSTO

FOLHAS DE COENTRO A GOSTO PARA SERVIR

SAL E PIMENTA-DO-REINO MOÍDA NA HORA A GOSTO

PODE TROCAR: COENTRO POR SALSINHA; LIMÃO POR VINAGRE; TOMATE POR PEPINO EM CUBOS.

1. Com as mãos, desfie o filé de frango. Separe metade para esta receita e congele o restante num saco com fechamento hermético (ele pode ser usado em outra preparação, como a salada oriental de arroz com frango da p. 66).

2. Pique grosseiramente as folhas de coentro. Lave, seque e corte os tomates ao meio. Corte um avocado ao meio, no sentido do comprimento. Descasque e corte a metade sem o caroço em fatias no sentido do comprimento, sem chegar ao fim, para formar um leque. Regue com o caldo de limão para não escurecer. A outra metade pode ser guardada de um dia para o outro na geladeira — mantenha o caroço, pingue gotas de limão na polpa e embrulhe com filme (sugestão: faça a pastinha de avocado da p. 25 no café da manhã).

3. Numa tigela, coloque o cuscuz de milho, misture o coentro, o tomate e o frango desfiado. Tempere com azeite, sal e pimenta a gosto.

4. Transfira para um prato e disponha o avocado fatiado sobre o cuscuz. Regue com mais um fio de azeite e sirva com folhas de coentro.

↻ REAPROVEITAMENTO 2

Orecchiette com brócolis

SERVE **1 PORÇÃO** | PREPARO **20 MINUTOS**

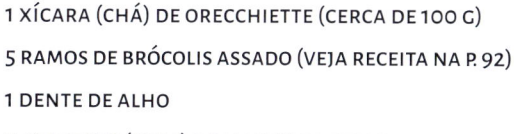

1 XÍCARA (CHÁ) DE ORECCHIETTE (CERCA DE 100 G)
5 RAMOS DE BRÓCOLIS ASSADO (VEJA RECEITA NA P. 92)
1 DENTE DE ALHO
2 COLHERES (SOPA) DE MANTEIGA GELADA
¼ DE COLHER (CHÁ) DE PIMENTA CALABRESA EM FLOCOS
SAL A GOSTO
¼ DE XÍCARA (CHÁ) DE AMENDOIM TORRADO, SEM CASCA, PICADO

PODE TROCAR: ORECCHIETTE POR OUTRA MASSA CURTA DE GRANO DURO; AMENDOIM POR CASTANHAS; PIMENTA CALABRESA POR PÁPRICA PICANTE.

1. Leve uma panela pequena com 2 litros de água ao fogo alto. Assim que ferver, misture ½ colher (sopa) de sal e coloque a massa para cozinhar pelo tempo indicado na embalagem, até ficar *al dente*.

2. Enquanto o macarrão cozinha, numa tábua, pique o brócolis grosseiramente com a faca. Descasque e pique fino o alho.

3. Leve uma frigideira média com 1 colher (sopa) de manteiga ao fogo médio. Quando derreter, refogue o brócolis por 1 minuto, apenas para aquecer. Junte a pimenta calabresa e o alho e mexa por 1 minuto. Desligue o fogo.

4. Assim que o macarrão estiver cozido, reserve 1 xícara (chá) da água do cozimento e passe a massa pelo escorredor.

5. Junte o macarrão ao brócolis e regue a frigideira com ¾ de xícara (chá) da água do cozimento reservada e adicione 1 colher (sopa) da manteiga gelada, sem ligar o fogo. Faça movimentos circulares com a frigideira para incorporar a manteiga e formar um molho liso — atenção: não mexa com a colher, a gordura pode se separar do molho.

6. Transfira a massa para um prato e salpique com o brócolis reservado e o amendoim. Sirva a seguir.

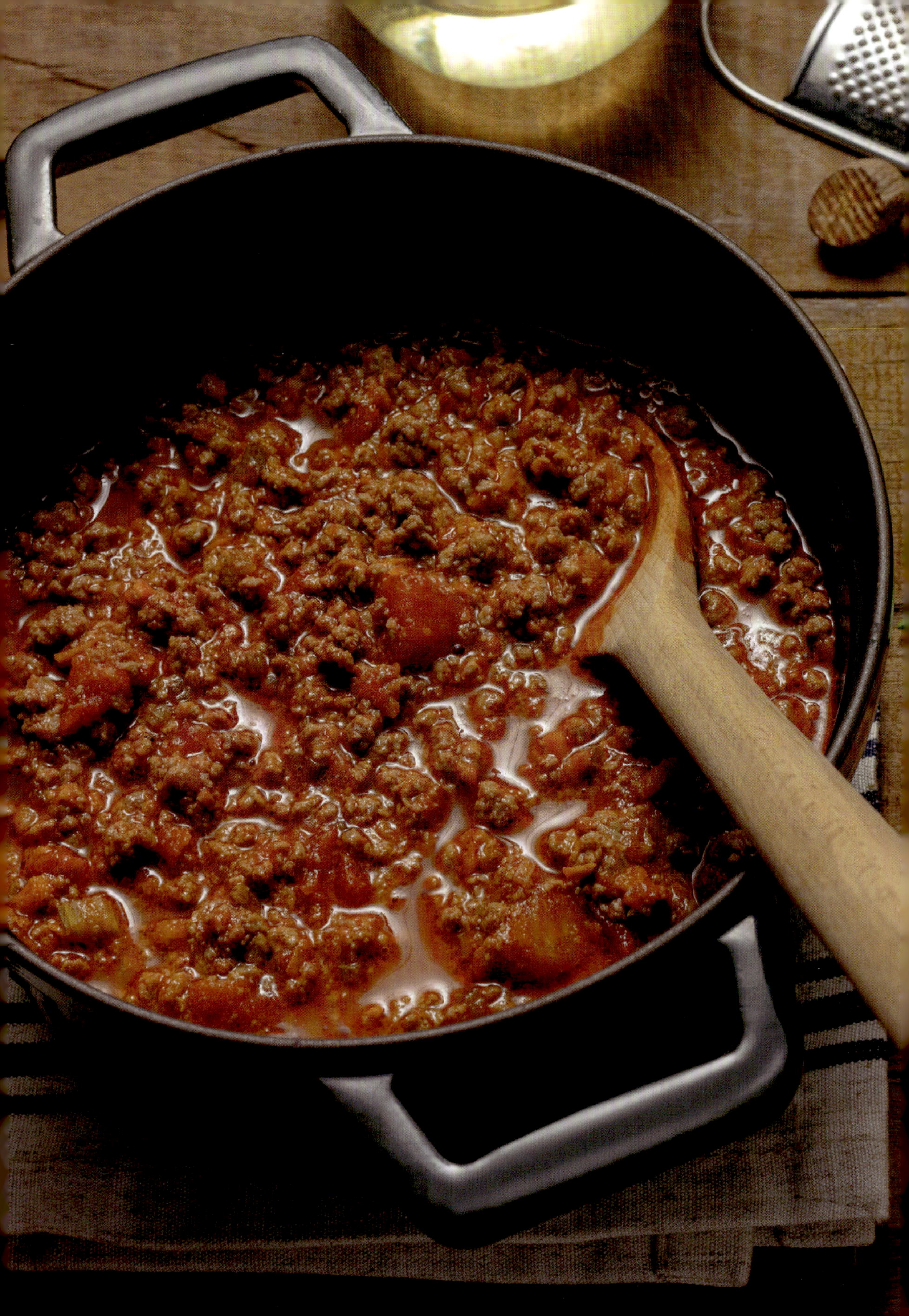

PARA CONGELAR

A máquina do tempo

COM A AJUDA DO CONGELADOR, OS MINUTOS EXTRAS INVESTIDOS NA COZINHA VÃO VIRAR VÁRIAS HORAS ECONOMIZADAS NO FUTURO — AS RECEITAS DESTE CAPÍTULO SÃO IDEAIS PARA FAZER A MAIS E GUARDAR. SAIBA COMO APROVEITAR TODO O POTENCIAL DESSE SUPERALIADO PARA TER COMIDA CASEIRA SEMPRE À MÃO E AINDA COMBATER O DESPERDÍCIO DE INGREDIENTES. A MÁQUINA DO TEMPO EXISTE E ESTÁ LOGO ALI.

Olha que coisa mais prática: você chega em casa depois de um dia de trabalho, escolhe um prato no congelador, aquece e... o jantar está servido! Só que em vez de lasanha ou estrogonofe comprados prontos, ou qualquer outro prato ultraprocessado, vai ter comida caseira de verdade, feita por você.

Num primeiro momento, isso pode parecer até meio utópico — se a refeição do dia já exige empenho, imagine preparar pratos para guardar. Mas veja por outro ângulo: em muitos casos, para preparar 4 porções em vez de 1, você só vai passar uns poucos minutos a mais na cozinha. E vai economizar uma enormidade de tempo lá na frente.

Tem receita, aliás, que nem dá para cozinhar de pouquinho. Um molho à bolonhesa, por exemplo, precisa ter um certo volume para poder apurar pelo tempo necessário. Por outro lado, algumas preparações, como maionese caseira, nem adianta fazer a mais — ela talha ao ser congelada.

As receitas deste capítulo atendem a esses dois requisitos: são perfeitas para o preparo em quantidades generosas e congelam que é uma beleza — sem que o sabor ou a textura sejam prejudicados. As porções extras ficam hibernando no congelador, esperando o dia de irem para o prato.

As vantagens desse eletrodoméstico não param por aí. Ele é um recurso fundamental para combater o desperdício. Comprou um pimentão e não usou nem metade? Tem brócolis fazendo aniversário na geladeira? Congelador neles!

Pique, porcione, embale, congele: com planejamento e a ajuda do congelador, não vai faltar comida caseira na mesa.

MANUAL DO FRIO

O quê, onde e como congelar, prazos de validade, métodos de descongelamento: tudo o que você precisa saber para explorar o potencial que o congelador (ou o freezer) tem a oferecer.

Freezer x congelador

Muitas vezes, freezer e congelador são usados como sinônimos, mas a verdade é que há diferenças entre eles. O congelador é aquele compartimento interno dos refrigeradores com uma porta só. Costuma atingir uma temperatura mínima de -6 ºC, em média. Já o freezer tem uma porta separada (acima, abaixo ou ao lado do refrigerador, dependendo do modelo) ou pode ser também um eletrodoméstico independente. Atinge temperaturas de até -20 ºC. Na prática, o freezer é mais espaçoso e preserva os alimentos por mais tempo. Se você tiver espaço e puder investir numa geladeira duplex, vale a pena. Mas o congelador também é seguro para a conservação de ingredientes e preparações (a maioria dos alimentos congela na faixa dos -4 ºC). Só é preciso ficar atento aos prazos de validade, que são mais curtos no congelador do que no freezer. Há também outros fatores que influenciam nesses prazos, como a periodicidade da limpeza (para eliminar crostas de gelo) e a frequência do abre-e-fecha da porta (que causa variações na temperatura interna).

NÃO CONFIE NA MEMÓRIA: identifique sempre o conteúdo de cada recipiente e marque a data de congelamento com etiquetas ou caneta permanente.

Como congelar

Tem legume que pode ser congelado cru, outros devem passar por um pré-cozimento ou branqueamento, que é o nome da técnica culinária. Porções individuais facilitam a vida. Veja a melhor forma de congelar ingredientes e preparações.

CARNES: para não ter que ficar lutando para desgrudar um bife do outro na bandeja, congele a carne em porções individuais, usando saquinhos de plástico com fechamento hermético. O mesmo vale para frango e peixe.

COMIDA CASEIRA: pode ser armazenada em saquinhos ou potes com fechamento hermético. **O importante é não deixar o alimento esfriar em temperatura ambiente, para não dar mole para as bactérias.** Depois que amornar um pouco, leve à geladeira para terminar de esfriar e, então, transfira para o congelador. Quanto mais rápido for o processo de congelamento, melhor — tanto para a segurança alimentar quanto para a preservação de sabor e textura.

FRUTAS: devem ser lavadas e, dependendo do tipo, descascadas e cortadas em pedaços antes do congelamento. Para evitar que grudem, espalhe os pedaços numa assadeira, leve para congelar e transfira para saquinhos depois que endurecerem. Elas podem ser batidas ainda congeladas no liquidificador, com iogurte ou outro líquido (veja dicas na p. 25) Ah, uvas sem semente congeladas viram cubos de gelo incríveis para o vinho ou drinques!

VEGETAIS CRUS: mandioca descascada e cortada em pedaços grandes, abóbora em cubos, mandioquinha descascada e cortada em pedaços, pimentão em cubos, salsão picado e cenoura ralada são alimentos que vão direto para o saquinho ou recipientes bem fechados. Folhas mais resistentes, como couve e repolho, também podem ser congeladas cruas e porcionadas, mas é preciso lavar e secar bem antes de armazenar.

VEGETAIS BRANQUEADOS: a técnica do branqueamento consiste em cozinhar rapidamente o ingrediente em água fervente, escorrer e mergulhar em água com gelo, para cessar o cozimento. Isso ajuda a conservar melhor legumes, como brócolis, cenoura, quando cortada em pedaços grandes, couve-flor, vagem e beterraba. Eles ficam com textura crocante e cores mais vibrantes. Corte em pedaços uniformes para que cozinhem por igual — o tempo varia de 30 segundos a cerca de 1 minuto. O segredo é que devem estar bem firmes, não é para cozinhar! Dica extra: para manter as cores vivas, branqueie os vegetais verdes e laranja com uma pitadinha de sal, e os brancos e roxos, com um pouquinho de vinagre. Escorra bem antes de armazenar e seque com um pano de prato limpo — quanto mais secos os vegetais estiverem, menos cristais de gelo se formam.

O que não deve ser congelado

Praticamente todos os alimentos podem ser congelados, mas alguns ficam com a textura alterada depois de passar por esse processo. É o caso de frutas e vegetais que contêm muita água (como melancia, melão, pepino e chuchu) e folhas mais delicadas (como alface).

O congelamento também não é indicado para molhos e cremes em que a gordura tende a se separar da parte líquida ao descongelar, como maionese e chantilly e outras preparações que levem creme de leite — no caso do estrogonofe, o ideal é congelar a preparação antes da etapa de juntar o creme de leite e só finalizar depois de descongelar.

Pratos e molhos com amido de milho na composição também não funcionam: ao ser descongelado, o amido libera a água absorvida durante o cozimento. Ovo com casca não deve nunca ir ao congelador, sob o risco de estourar.

Como descongelar

A primeira regra é: para evitar contaminações, nunca descongele os alimentos em temperatura ambiente. Prefira os métodos a seguir:

NA GELADEIRA: para carnes e comida caseira, o melhor é transferir a porção para a geladeira na noite anterior, para que ela descongele lentamente.

DIRETO NA PANELA: se você não conseguiu se planejar e usar o método da geladeira, pode descongelar alguns pratos diretamente na panela. É o caso das preparações deste capítulo – as instruções de descongelamento estão no fim do passo a passo das receitas. Folhas e vegetais crus não só podem como devem ir do congelador para a panela quente (no caso da mandioca, para a panela de pressão com água). Vegetais branqueados devem ser descongelados na água fervente ou refogados.

NO MICRO-ONDAS: na pressa, o micro-ondas é um bom recurso para descongelar comida caseira. Mas evite usar potes plásticos, que podem liberar substâncias tóxicas, e cuidado para não superaquecer os alimentos. Como esse tipo de forno é muito eficiente para produzir calor (pela vibração das moléculas de água), pode esquentar demais e queimar os alimentos sem que a gente perceba — não fica preto como no cozimento convencional. Isso porque o calor excessivo atua no alimento em nível atômico e molecular. O segredo é descongelar aos poucos, parando e mexendo as preparações.

Prazos de validade

Atenção: o frio prolonga, mas não dá validade eterna aos alimentos! O sabor e a textura sofrem alterações com o passar do tempo. Marque sempre a data de congelamento de cada item e respeite os prazos para garantir a organização e rotatividade desse estoque precioso. Para o congelador (o compartimento interno da geladeira, que não alcança temperaturas tão baixas quanto as do freezer), vale o período mais curto das indicações abaixo.

COMIDA CASEIRA: 3 a 4 meses.
CARNE VERMELHA CRUA: 3 a 4 meses.
PEIXE CRU: 2 a 3 meses.
FRANGO CRU: 3 a 4 meses.
FRUTAS: 6 a 10 meses.
VEGETAIS CRUS: 3 a 6 meses.
VEGETAIS BRANQUEADOS: 6 a 10 meses.

Marinadas congeladas

Por que pagar mais caro no mercado por um frango já temperado, cheio de aditivos químicos, se você pode fazer marinadas caseiras que deixam o franguinho macio e suculento? E que duram até 3 meses no congelador! Na noite anterior ao preparo, é só transferir os bifes marinados para a geladeira. Eles vão descongelar e marinar ao mesmo tempo. As sugestões a seguir são para 1 porção.

BIFE DE FRANGO COM MARINADA DE MANJERICÃO E LIMÃO: com a lateral da lâmina da faca, amasse 1 dente de alho e descarte a casca. Lave as folhas de 6 ramos de manjericão e bata no processador junto com o alho, o caldo de ½ limão e 3 colheres (sopa) de azeite. Transfira a marinada para um saco plástico com fechamento hermético e coloque 2 bifes de frango (100 g cada). Feche tirando o máximo de ar e deixe o conteúdo plano, para que a marinada envolva os bifes. Leve ao congelador.

Para preparar os bifes, lembre-se de passar para a geladeira na noite anterior para descongelar. Aqueça uma frigideira em fogo médio e regue com 2 colheres (chá) de azeite. Com uma pinça, retire os bifes já descongelados da marinada, deixando escorrer bem o líquido, e disponha um ao lado do outro na frigideira (se for pequena, doure 1 bife de cada vez). Tempere com sal a gosto e deixe dourar por 2 minutos de cada lado.

BIFE DE FRANGO COM MARINADA DE MEL, LARANJA E GENGIBRE: com a lateral da lâmina da faca, amasse 2 dentes de alho e descarte a casca. Numa tigela, misture o caldo de 1 laranja, 1 colher (sopa) de mel, 2 colheres (chá) de gengibre ralado, ½ colher (chá) de cúrcuma e ½ colher (sopa) de azeite. Transfira para um saco plástico com fechamento hermético, acrescente os dentes de alho e 2 bifes de frango (100 g cada). Feche tirando o máximo de ar e deixe o conteúdo plano, para que a marinada envolva completamente os bifes. Leve ao congelador.

Para grelhar os bifes, siga as instruções da receita anterior. Depois, transfira os bifes para um prato e prepare o molho na mesma frigideira que você usou para grelhar a carne. Adicione a marinada à frigideira, com o fogo desligado, e mexa bem com um batedor de arame para dissolver os queimadinhos e incorporar o sabor do grelhado. Volte a frigideira ao fogo baixo até o molho ferver e encorpar. Regue os bifes com o molho e sirva a seguir.

BIFE DE FRANGO COM MARINADA DE SHOYU: corte 1 pimenta dedo-de-moça ao meio, descarte as sementes e pique fino cada metade. Numa tigela, misture ¼ de xícara (chá) de shoyu, 1 colher (sopa) de vinagre de arroz, 1½ colher (sopa) de açúcar mascavo, a pimenta e 3 gotas de óleo de gergelim. Transfira para um saco plástico com fechamento hermético e coloque 2 bifes de frango (100 g cada). Feche tirando o máximo de ar e deixe o conteúdo plano, para que a marinada cubra completamente os bifes. Leve ao congelador.

Para grelhar os bifes, siga o mesmo procedimento do bife de frango com marinada de manjericão e limão. Transfira os bifes grelhados para um prato e prepare o molho. Adicione a marinada à frigideira que você usou para grelhar os bifes, com o fogo desligado, e mexa bem com um batedor de arame para dissolver os queimadinhos e incorporar o sabor do grelhado. Numa tigela pequena, dissolva ½ colher (chá) de amido de milho em 1 colher (sopa) de água e misture na marinada. Volte a frigideira ao fogo baixo e mexa até ferver e formar um molho encorpado. Sirva os bifes com o molho.

RECEITA

Boeuf bourguignon na pressão

Pelo método tradicional, este clássico francês precisa de mais de 3 horas no fogão. Mas, com aquela ajuda esperta da panela de pressão, com 30 minutos de cozimento o prato está pronto.

SERVE **4 PORÇÕES** | PREPARO **2 HORAS E 10 MINUTOS**

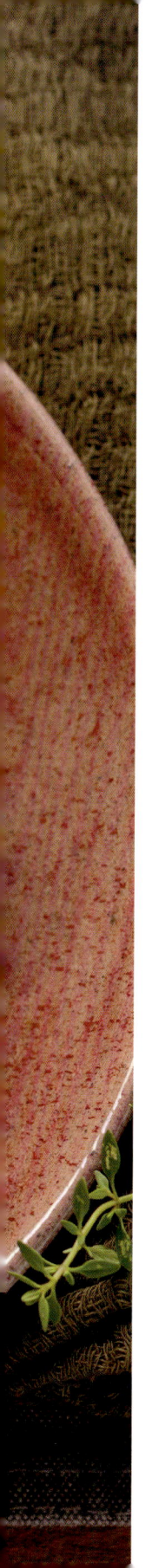

PARA A MARINADA

500 G DE MÚSCULO

½ XÍCARA (CHÁ) DE VINHO TINTO

2 FOLHAS DE LOURO

4 RAMOS DE TOMILHO

Corte o músculo em cubos médios de cerca de 3 cm e transfira para uma tigela. Junte as folhas de tomilho, o louro e o vinho. Leve à geladeira para marinar por, no mínimo, 1 hora (se preferir, deixe a carne marinando na noite anterior ao preparo).

PARA COZINHAR

1 CENOURA

1 TALO DE SALSÃO, SEM AS FOLHAS

200 G DE COGUMELOS-DE-PARIS FRESCOS

½ CEBOLA

2 DENTES DE ALHO

2 COLHERES (SOPA) DE BACON EM CUBOS (25 G)

½ COLHER (SOPA) DE EXTRATO DE TOMATE

1 COLHER (SOPA) DE FARINHA DE TRIGO

AZEITE A GOSTO

SAL E PIMENTA-DO-REINO MOÍDA NA HORA A GOSTO

SALSINHA PICADA A GOSTO

PODE TROCAR: CEBOLA POR CEBOLA PÉROLA; MÚSCULO POR OUTROS CORTES INDICADOS PARA COZIDOS, COMO ACÉM E PEITO, LEMBRANDO QUE PODE HAVER VARIAÇÃO NO TEMPO DE COCÇÃO.

1. Descasque e corte a cenoura em meias-luas grossas; descasque e pique fino a cebola e os dentes de alho; lave, seque e corte o salsão em fatias grossas, na diagonal.

2. Sobre outra tigela, passe os cubos de carne por uma peneira, pressionando bem com uma espátula para escorrer a marinada — no total, você vai precisar de 1½ xícara (chá) do líquido para cozinhar o ensopado. Se necessário, complete com água.

3. Volte a carne para a tigela da marinada (nem precisa lavar), tempere com sal e pimenta a gosto, salpique com a farinha e misture com as mãos para envolver todos os cubos — essa técnica se chama *singer* e serve para engrossar o molho.

4. Leve a panela de pressão (sem a tampa) ao fogo médio. Quando aquecer, regue com 1 colher (sopa) de azeite e doure os cubos de carne, em etapas, sem amontoar — se colocar tudo de uma vez só, a carne vai cozinhar no vapor em vez de dourar e o resultado será um ensopado menos saboroso. Transfira a carne dourada para uma travessa e repita com o restante, regando a panela com azeite a cada leva.

5. Mantenha a panela em fogo médio, acrescente o bacon e mexa até começar a dourar. Junte a cebola, tempere com uma pitada de sal e refogue por 2 minutos, até murchar. Adicione o alho, o extrato de tomate e mexa por 1 minuto. Junte a cenoura e o salsão, regue com o líquido reservado da marinada (com as ervas) e misture bem para incorporar o sabor do refogado. Volte a carne para a panela e tempere com sal e pimenta a gosto e misture bem.

6. Tampe a panela de pressão e aumente o fogo. Quando começar a apitar, deixe cozinhar por 25 minutos em fogo baixo. Enquanto isso, com um pano de prato úmido (ou papel-toalha), limpe os cogumelos — evite lavar sob água corrente, eles absorvem a água e perdem sabor. Corte cada cogumelo ao meio (se estiverem muito grandes, corte em quartos).

7. Após os 25 minutos, desligue o fogo da panela de pressão e deixe o vapor sair completamente antes de abrir a tampa. Misture os cogumelos, volte a panela ao fogo médio e deixe cozinhar por mais 5 minutos, sem tampar. Desligue e sirva a seguir, com salsinha picada.

PARA CONGELAR: divida em 4 porções individuais, preenchendo até ¾ do recipiente, pois o líquido expande ao congelar. Se for usar saquinhos com fechamento hermético, elimine o ar ao máximo antes de fechar. Deixe amornar um pouco e leve à geladeira para terminar de esfriar, antes de colocar no congelador ou freezer.

PARA DESCONGELAR: deixe descongelar na geladeira por no mínimo 7 horas antes de aquecer. Se decidiu recorrer ao boeuf bourguignon congelado sem se planejar, coloque diretamente na panela, tampe e leve ao fogo baixo, mexendo de vez em quando, por cerca de 8 minutos, até descongelar. Acrescente salsinha picada antes de servir. Outra opção: leve ao micro-ondas para aquecer por 5 minutos, mexendo na metade do tempo para que descongele por igual.

Sirva com **PURÊ DE BATATA:** 1 BATATA DESCASCADA E CORTADA EM PEDAÇOS MÉDIOS · ¼ DE XÍCARA (CHÁ) DE LEITE · MANTEIGA · NOZ-MOSCADA RALADA NA HORA · SAL · PIMENTA-DO-REINO. Numa panela pequena, coloque a batata, cubra com água e junte ½ colher (chá) de sal. Leve para cozinhar em fogo alto. Assim que começar a ferver, abaixe o fogo para médio e deixe cozinhar por mais 8 minutos, ou até que fique macia — espete com um garfo para verificar. Desligue o fogo e escorra a água por uma peneira ou escorredor. Passe a batata ainda quente pelo espremedor (se preferir, amasse bem com um garfo) e coloque de volta na mesma panela. Aqueça o leite no micro-ondas ou numa panelinha em fogo baixo — não é preciso ferver (esse é um dos segredos para o purê não empelotar: o leite deve estar na mesma temperatura da batata). Leve a batata ao fogo médio e regue com o leite. Misture bem com uma espátula. Desligue o fogo, tempere com sal, pimenta-do-reino e uma pitada de noz-moscada ralada na hora. Misture ½ colher (sopa) de manteiga e sirva a seguir.

RECEITA

Molho à bolonhesa

A técnica certa transforma tomate, carne moída e outros ingredientes básicos numa preparação imbatível para servir com massa, polenta, batata, pão... Um trunfo para ter sempre no congelador!

SERVE **4 PORÇÕES** | PREPARO **2 HORAS**

600 G DE PATINHO MOÍDO	1 XÍCARA (CHÁ) DE LEITE
1 CEBOLA	1 XÍCARA (CHÁ) DE VINHO BRANCO SECO
½ CENOURA	1 COLHER (SOPA) DE ÓLEO
1 TALO DE SALSÃO	1½ COLHER (SOPA) DE MANTEIGA
2 DENTES DE ALHO	NOZ-MOSCADA RALADA NA HORA A GOSTO
1 LATA DE TOMATE PELADO COM LÍQUIDO (400 G)	SAL E PIMENTA-DO-REINO MOÍDA NA HORA A GOSTO

PODE TROCAR: TOMATE PELADO POR PASSATA DE TOMATE OU POR 4 TOMATES ITALIANOS, SEM PELE.

1. Lave e seque a cenoura e o talo de salsão. Descasque e passe a cenoura pela parte grossa do ralador. Descarte as folhas e pique o talo de salsão em cubinhos. Descasque e pique fino a cebola e o alho.

2. Numa panela média, coloque o óleo e a manteiga e leve ao fogo médio. Quando derreter, refogue a cebola com uma pitada de sal até murchar. Junte a cenoura e o salsão, e refogue por mais 3 minutos. Adicione o alho e mexa por apenas 1 minuto para não queimar.

3. Acrescente a carne moída e tempere com sal e pimenta-do-reino. Refogue até que perca a cor rosada. Atenção, como o congelamento tende a acentuar o sal, pegue leve na hora de temperar!

4. Junte o leite e mexa até secar. Tempere com noz-moscada, adicione o vinho e deixe cozinhar até evaporar, mexendo de vez em quando.

5. Abaixe o fogo, junte o tomate pelado (com o líquido) e deixe cozinhar por cerca de 1 hora, sem a tampa, mexendo de vez em quando. O fogo deve estar baixíssimo para o molho não grudar no fundo da panela e queimar. Durante todo o cozimento, deixe uma chaleira com 1½ xícara (chá) de água quente a postos. De tempos em tempos, regue com um pouco de água para o molho não secar.

PARA CONGELAR: divida em porções individuais, preenchendo até ¾ do recipiente. Se for usar saquinhos com fechamento hermético, elimine o ar ao máximo antes de fechar. Deixe amornar um pouco e leve à geladeira para terminar de esfriar, antes de colocar no congelador ou freezer.

PARA DESCONGELAR: deixe na geladeira por no mínimo 3 horas e depois aqueça. Se preferir decidir o cardápio na última hora, coloque o molho congelado direto na panela. Tampe e leve ao fogo baixo, mexendo de vez em quando, por cerca de 7 minutos, até descongelar.

Sirva com **MASSA:** cozinhe a massa de sua preferência em água fervente com sal, até ficar *al dente*.

RECEITA

Quibe assado com cebola

Diferente do quibe assado tradicional, que leva carne moída refogada soltinha no recheio, este quibe com cebola caramelizada é ideal para congelar em porções individuais — o recheio não solta ao cortar em pedaços. Faz sucesso até mesmo frio. No almoço, no jantar, na marmita, viva o quibe assado!

SERVE **4 PORÇÕES** | PREPARO **50 MINUTOS**

- 500 G DE PATINHO MOÍDO
- ⅔ DE XÍCARA (CHÁ) DE TRIGO FINO (PARA QUIBE)
- 2 CEBOLAS
- ⅓ DE XÍCARA (CHÁ) DE NOZES BEM PICADAS
- CALDO E RASPAS DE 1 LIMÃO
- ½ XÍCARA (CHÁ) DE ÁGUA GELADA
- 1 COLHER (SOPA) DE AZEITE
- 1 COLHER (SOPA) DE MANTEIGA
- 1 COLHER (CHÁ) DE PIMENTA SÍRIA
- ½ XÍCARA (CHÁ) DE FOLHAS DE HORTELÃ PICADAS GROSSEIRAMENTE
- 1 ½ COLHER (CHÁ) SAL
- 1 PITADA DE AÇÚCAR

PODE TROCAR: PATINHO POR COXÃO DURO MOÍDO; NOZES POR CASTANHA-DO-PARÁ OU DE CAJU.

1. Preaqueça o forno a 200 ºC (temperatura média). Unte com o azeite uma assadeira ou refratário pequeno de cerca de 20 cm x 25 cm.

2. Descasque e corte as cebolas em meias-luas de 0,5 cm.

3. Leve uma frigideira média com a manteiga ao fogo médio. Quando derreter, acrescente a cebola e tempere com uma pitada de sal e outra de açúcar. Deixe cozinhar por 15 minutos, mexendo de vez em quando, até caramelizar. Desligue o fogo e transfira a cebola para uma tigela grande. Atenção: se a cebola começar a queimar, diminua o fogo, regue um pouco de água nos queimadinhos do fundo da frigideira e raspe bem com a espátula.

4. Forre uma peneira ou escorredor com um pano de prato limpo, coloque o trigo, lave sob água corrente e esprema bem, torcendo o pano como se fosse uma trouxinha. Transfira o trigo para a tigela com a cebola.

5. Junte a carne moída, as raspas e o caldo de limão, a hortelã e as nozes picadas. Tempere com a pimenta síria e 1½ colher (chá) de sal. Amasse bem com as mãos, por cerca de 5 minutos, adicionando a água aos poucos — esse movimento estimula o colágeno da carne e impede que o quibe desmanche ao assar.

6. Espalhe a massa de quibe na assadeira, apertando e alisando a superfície com a mão molhada. Com uma faca pequena, risque formando losangos. Regue com mais 1 colher (sopa) de azeite e leve ao forno preaquecido para assar por cerca de 30 minutos, até dourar bem.

7. Retire do forno e deixe amornar por 10 minutos antes de cortar e servir.

PARA CONGELAR: divida o quibe em 4 porções e congele individualmente embaladas em papel-alumínio.

PARA DESCONGELAR: deixando na geladeira por 3 horas, ele fica pronto para aquecer. Se não deu tempo, coloque o quibe congelado diretamente na frigideira. Tampe e leve ao fogo baixo, por 14 minutos, virando na metade do tempo. Também pode ser descongelado no micro-ondas por 4 minutos em potência alta.

Sirva com **SALADA DE PEPINO COM IOGURTE:** lave e seque bem 1 ramo de hortelã e ½ pepino japonês (guarde a outra metade na geladeira e use em até 3 dias). Com um mandolim (ou uma faca), corte o pepino em rodelas bem finas. Com uma faca, fatie as folhas de hortelã. Numa tigela, misture bem 1 pote (170 g) de iogurte natural (sem açúcar nem adoçante!) com ½ colher (sopa) de azeite. Junte o pepino, a hortelã, tempere com sal e pimenta a gosto e misture delicadamente. Sirva a seguir.

RECEITA

Ragu de costelinha de porco

Esta receita é tão boa, mas tão boa, que vai dar vontade de chamar os amigos para compartilhar a refeição. Mas o objetivo não era preparar porções a mais e congelar? Você decide.

SERVE **4 PORÇÕES** | PREPARO **ATÉ 2 HORAS**

1 KG DE COSTELA DE PORCO EM RIPAS (CERCA DE 10 UNIDADES)

1 CEBOLA

2 DENTES DE ALHO

1 LATA DE TOMATE PELADO EM CUBOS (COM O LÍQUIDO)

1 XÍCARA (CHÁ) DE VINHO TINTO

1½ XÍCARA (CHÁ) DE ÁGUA

CASCA E CALDO DE 1 LIMÃO-SICILIANO

2 FOLHAS DE LOURO

3 RAMOS DE TOMILHO

1 COLHER (CHÁ) DE PÁPRICA DEFUMADA

½ COLHER (CHÁ) DE PIMENTA CALABRESA EM FLOCOS

½ COLHER (CHÁ) DE SEMENTES DE ERVA-DOCE

½ COLHER (SOPA) DE SAL

AZEITE A GOSTO

PODE TROCAR: CALABRESA POR PÁPRICA PICANTE; SEMENTES DE ERVA-DOCE POR SEMENTES DE COENTRO.

1. Deixe a costelinha em temperatura ambiente enquanto prepara os outros ingredientes.

2. Descasque e pique fino a cebola e os dentes de alho. Lave os ramos de tomilho e o limão-siciliano. Com um descascador de legumes, faça tiras da casca do limão com cuidado para não extrair a parte branca — ela amarga a receita.

3. Leve a panela de pressão (sem a tampa) ao fogo médio. Quando aquecer, regue com ½ colher (sopa) de azeite e doure as costelinhas em etapas — se colocar todas de uma só vez, vão cozinhar em vez de dourar. Deixe dourar por 2 minutos de cada lado. Transfira os pedaços dourados para uma tigela e repita com o restante, regando a panela com azeite a cada leva.

4. Mantenha a panela em fogo médio e regue com ½ colher (sopa) de azeite. Acrescente a cebola, tempere com uma pitada de sal e refogue por 3 minutos, até murchar, raspando o fundo da panela para dissolver os queimadinhos — eles são essenciais para dar sabor ao molho. Junte o alho, a folha de louro e mexa por mais 1 minuto. Tempere com a páprica defumada, a pimenta calabresa e a erva-doce.

5. Acrescente o tomate pelado (com o líquido) e misture bem. Regue com o vinho e com a água, junte as folhas de louro, o tomilho e a casca do limão.

6. Aumente o fogo e, quando começar a ferver, volte as costelinhas para a panela. Tempere com o sal e tampe a panela. Quando começar a apitar, abaixe o fogo e deixe cozinhar por 40 minutos.

7. Desligue o fogo e deixe toda a pressão sair antes de abrir a panela. Com uma pinça, retire os ossos da costelinha — a carne fica tão macia, soltando do osso, que é mais fácil pescar os ossos na panela. Junte o caldo de limão e mexa bem para terminar de desfiar a carne. Sirva a seguir.

PARA CONGELAR: divida em porções individuais, preenchendo até ¾ do recipiente. Se for usar saquinhos com fechamento hermético, elimine o ar ao máximo antes de fechar. Deixe amornar um pouco e leve à geladeira para terminar de esfriar, antes de colocar no congelador ou freezer.

PARA DESCONGELAR: deixe descongelar na geladeira por no mínimo 7 horas antes de aquecer. Se preferir, coloque o ragu congelado diretamente na panela, tampe e leve ao fogo baixo, mexendo de vez em quando, por cerca de 8 minutos, até descongelar.

Sirva com **RISONI NA MANTEIGA:** leve uma panela com 2 xícaras (chá) de água ao fogo médio. Quando ferver, junte ½ colher (sopa) de sal e ⅓ de xícara de macarrão do tipo risoni. Deixe cozinhar pelo tempo indicado na embalagem. Assim que estiver cozido, reserve ¼ de xícara (chá) de água do cozimento e escorra a massa numa peneira. Volte o risoni para a mesma panela (nem precisa lavar), junte 1 colher (sopa) de manteiga e misture bem. Regue aos poucos com a água reservada, até ficar cremoso. Misture salsinha picada a gosto.

RECEITA

Curry de frango

O preparo você tira de letra, o cozimento é rapidinho e o resultado é uma refeição deliciosa e aromática. Melhor que isso, só quatro disso! As porções congeladas não ficam nada a dever ao prato recém-saído da panela.

SERVE **4 PORÇÕES** | PREPARO **35 MINUTOS**

1 PEITO DE FRANGO SEM PELE E SEM OSSO (CERCA DE 600 G)	1 COLHER (SOPA) DE ÓLEO
	2 FOLHAS DE LOURO
1 CEBOLA	1 COLHER (SOPA) DE GENGIBRE FRESCO RALADO
2 DENTES DE ALHO	
200 ML DE LEITE DE COCO	1½ COLHER (SOPA) DE CURRY EM PÓ
¼ DE XÍCARA (CHÁ) DE ÁGUA	1½ COLHER (CHÁ) DE SAL

PODE TROCAR: PEITO DE FRANGO POR SASSAMI OU SOBRECOXA DESOSSADA (QUE LEVA UM POUCO MAIS DE TEMPO PARA COZINHAR). EXPERIMENTE TAMBÉM ACRESCENTAR FOLHAS DE COENTRO NA HORA DE SERVIR.

1. Corte o peito de frango em cubos de 3 cm. Transfira para uma tigela e misture com o curry, o gengibre e 1 colher (chá) de sal. Deixe em temperatura ambiente, enquanto prepara os outros ingredientes.

2. Descasque e pique fino a cebola e o alho.

3. Leve uma panela média ao fogo médio. Quando aquecer, regue com o óleo, adicione a cebola, tempere com uma pitada de sal e refogue por 2 minutos, até murchar. Junte o alho e o louro e refogue por 1 minuto. Acrescente o frango e mexa por mais 1 minuto para os cubos absorverem o sabor do refogado. Cuidado: é jogo rápido, o curry pode queimar e deixar um sabor amargo!

4. Regue com a água e o leite de coco e misture com ½ colher (chá) de sal. Quando começar a ferver, abaixe o fogo e deixe cozinhar por mais 10 minutos, até que o frango esteja cozido e o molho levemente encorpado.

PARA CONGELAR: divida em porções individuais, preenchendo até ¾ do recipiente. Se for usar saquinhos com fechamento hermético, elimine o ar ao máximo antes de fechar. Deixe amornar um pouco e leve à geladeira para terminar de esfriar, antes de colocar no congelador ou freezer.

PARA DESCONGELAR: deixe na geladeira por no mínimo 6 horas – depois é só aquecer. Se preferir, coloque o frango do congelador direto na panela, tampe e leve ao fogo baixo, mexendo de vez em quando, por cerca de 10 minutos, até descongelar. Outra opção: leve ao micro-ondas para aquecer por 5 minutos, mexendo na metade do tempo para que descongele por igual.

Sirva com **ARROZ BRANCO:** veja a receita na p. 128.

RECEITA

Frango à cacciatore

Sementes de erva-doce e flocos de pimenta calabresa enriquecem o molho desta receita substanciosa. Não se preocupe em picar fininho o pimentão e a cebola — o jeitão rústico faz parte do charme do prato.

SERVE **4 PORÇÕES** | PREPARO **50 MINUTOS**

8 COXAS DE FRANGO COM PELE E OSSO
    (CERCA DE 1,2 KG)
1 PIMENTÃO VERMELHO
1 CEBOLA
2 DENTES DE ALHO
1 LATA DE TOMATE PELADO EM CUBOS (400 G)

½ XÍCARA (CHÁ) DE ÁGUA
½ XÍCARA (CHÁ) DE VINHO TINTO
1 COLHER (CHÁ) DE PIMENTA CALABRESA
½ COLHER (CHÁ) DE SEMENTE DE ERVA-DOCE
AZEITE A GOSTO
SAL E PIMENTA-DO-REINO MOÍDA NA HORA A GOSTO

PODE TROCAR: PIMENTÃO VERMELHO POR AMARELO, QUE TEM SABOR MAIS SUAVE. EXPERIMENTE TAMBÉM ACRESCENTAR PÁPRICA DEFUMADA E AZEITONAS.

1. Tempere as coxas de frango com sal a gosto e deixe em temperatura ambiente, enquanto prepara os demais ingredientes — elas não devem estar geladas ao ir para a panela.

2. Lave, seque, corte o pimentão ao meio e descarte as sementes. Fatie cada metade em tiras de 1 cm. Descasque e corte a cebola em cubos de 1,5 cm. Descasque e pique fino o alho.

3. Leve uma panela média ao fogo médio. Quando aquecer, regue com 1 colher (sopa) de azeite, coloque metade das coxas de frango e deixe dourar por 4 minutos de cada lado. Com uma pinça, transfira as coxas de frango para uma travessa. Repita o procedimento com a outra metade, regando com mais 1 colher (sopa) de azeite.

4. Mantenha a panela em fogo médio e regue com mais 1 colher (sopa) de azeite. Adicione o pimentão e a cebola, tempere com uma pitada de sal e refogue por 2 minutos, até murchar. Junte o alho, a pimenta calabresa, a erva-doce e mexa por 1 minuto.

5. Acrescente o vinho e raspe os queimadinhos do fundo da panela — eles adicionam sabor à preparação. Junte o tomate pelado (com o líquido), a água, ½ colher (chá) de sal e misture bem.

6. Volte o frango para a panela e aumente o fogo para alto. Quando ferver, abaixe o fogo para baixo e deixe cozinhar por 30 minutos com a tampa entreaberta, até o frango ficar macio e o molho encorpar. Desligue o fogo e sirva a seguir.

PARA CONGELAR: divida em porções individuais, preenchendo até ¾ do recipiente. O ideal é que as coxas não fiquem sobrepostas, para facilitar o descongelamento. Se for usar saquinhos com fechamento hermético, elimine o ar ao máximo antes de fechar. Deixe amornar um pouco e leve à geladeira para terminar de esfriar, antes de colocar no congelador ou freezer.

PARA DESCONGELAR: deixe na geladeira por no mínimo 8 horas e aqueça. Se preferir, coloque o frango congelado diretamente na panela, tampe e leve ao fogo baixo, mexendo de vez em quando, por cerca de 10 minutos, até descongelar. Ou, ainda, leve ao micro-ondas para aquecer por 8 minutos, mexendo na metade do tempo para que descongele por igual.

Sirva com **CUSCUZ MARROQUINO:** numa tigela pequena, coloque ¼ de xícara (chá) de cuscuz marroquino e tempere com ½ colher (chá) de azeite e ¼ colher (chá) de sal. Regue com ¼ de xícara (chá) de água fervente, misture e tampe com um prato. Deixe hidratar por 5 minutos. Solte os grãos com um garfo e sirva a seguir.

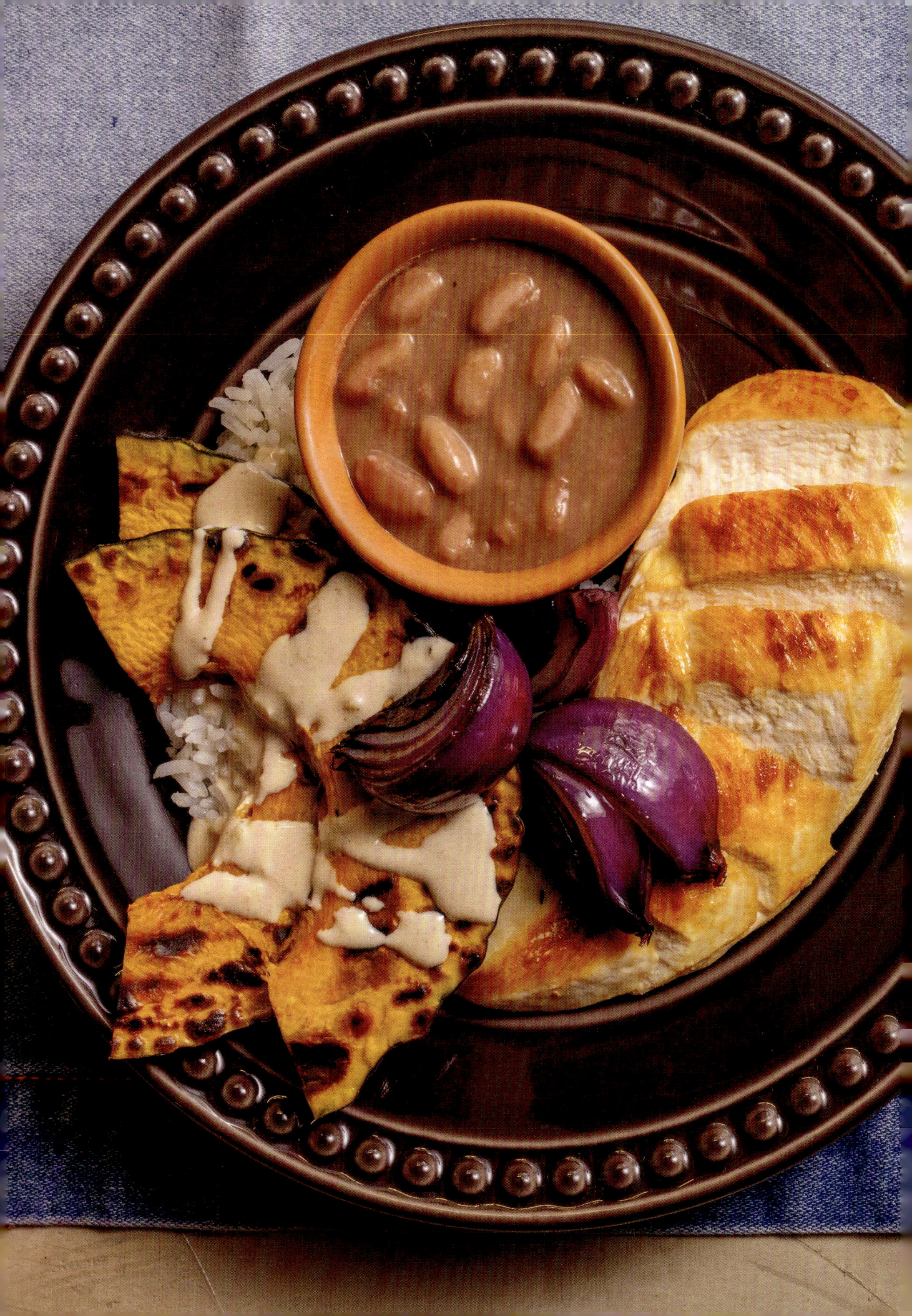

PRATOS COMPLETOS

Operação pê-efe

VOCÊ CONHECE A DIETA MEDITERRÂNEA? TODO MUNDO JÁ OUVIU FALAR... E A DIETA BRASILEIRA? NEM TODO MUNDO SE DÁ CONTA DE QUE ELA EXISTE — E FUNCIONA! PENSE NO NOSSO PRATO FEITO, COM ARROZ E FEIJÃO DE UM LADO, MAIS HORTALIÇAS E UM POUCO DE CARNE (PARA QUEM COME) DO OUTRO. É UMA COMBINAÇÃO SUPERBALANCEADA, PERFEITA PARA QUEM QUER MANTER UMA ALIMENTAÇÃO SAUDÁVEL DE VERDADE, SEM TER QUE GASTAR MAIS POR ISSO NEM FICAR QUEBRANDO A CABEÇA COM A COMPOSIÇÃO DO CARDÁPIO.

Panzanella, shakshuka, boeuf bourguignon, cuscuz marroquino... Tem inspiração de todo canto do mundo no nosso cardápio. Mas a estrela deste capítulo é brasileira até o último grão de arroz: abram alas para o pê-efe! Esse ícone nacional é uma ótima escolha para resolver o cardápio do dia a dia, de um jeito saudável, gostoso e descomplicado. Vamos começar pelos dois ingredientes-chave: arroz e feijão. O primeiro é o tipo de receita pá-pum, em meia hora está pronta (ou até menos, com nossas dicas de pré-preparo). O segundo leva um pouco mais de tempo, mas não tem mistério: um bom planejamento garante feijão na mesa todo dia, sem que você tenha que cozinhar do zero todas as vezes. Com essa dupla no jeito, metade da refeição está resolvida. Para completar o prato, basta caprichar nas hortaliças, podendo variar os legumes e verduras, e, se quiser, acrescentar uma porção de carne ou ovo.

Nas páginas a seguir, você vai encontrar o bê-á-bá do arroz e do feijão e muitas opções para complementar o menu do dia. Que tal um grelhado? As dicas para um bife bem suculento, uma bisteca de porco ou um filé de frango douradinhos estão logo ali, a partir da p. 132. Prefere peixe? Tem também. Quer variar o sabor dos legumes e verduras sem desperdiçar ingredientes? Tem receitas simples para transformar os básicos da feira em acompanhamentos surpreendentes. Prepare-se para comer um belo prato feito — por você, para você.

A DIETA BRASILEIRA

Quando o assunto é alimentação saudável, nós, brasileiros, temos uma grande vantagem em relação a outros países. Sabe qual é? Temos um padrão alimentar tradicional balanceado. Ou seja, uma dieta que foi sendo elaborada ao longo de centenas de anos e atravessou gerações porque funciona: é acessível, é saborosa, é gostosa, é saudável — e tem tudo a ver com a nossa cultura e com a nossa história.

Veja a situação dos norte-americanos, por exemplo. Eles não contam com uma referência de cardápio tradicional balanceado em que possam se basear. Não por acaso, é de lá que vem a maioria das dietas da moda, criadas numa tentativa de reduzir o ganho de peso e outros problemas decorrentes da má alimentação. Não à toa também, os Estados Unidos são o país com o maior número de pessoas obesas no mundo — mesmo tendo uma população três vezes menor que a da China!

Por aqui, não precisamos recorrer a modismos e experimentos que recomendam cortar alimentos ou nutrientes ou ainda macronutrientes, como carboidrato ou gordura. O segredo da alimentação balanceada é a combinação dos alimentos — e nisso a dieta brasileira é perfeita.

Quatro dos cinco grupos de alimentos que deveríamos consumir numa refeição estão presentes no pê-efe (cereal, leguminosa, hortaliça e carne). Só fica faltando um, a fruta, que pode ser a sobremesa! Claro que, além das carnes, sejam elas bovinas, suínas, de aves, peixes ou frutos do mar, há uma série de outros alimentos que podem ser fonte de proteína para quem não come alimentos de origem animal. O arroz e feijão juntos, por exemplo, já são uma potência nutricional.

Às vezes, a gente nem se dá conta do valor dessa dupla que simboliza a cozinha brasileira. O feijão é rico em fibras (que dão uma sensação de saciedade e evitam que se coma em exagero) e contém nutrientes como zinco, ferro e cálcio. Possui também 19 dos 20 aminoácidos essenciais para a saúde. E quem tem esse aminoácido que falta? Sim, senhor, o arroz. Juntos, se tornam uma excelente fonte de proteínas — nossa dieta não poderia ter uma base melhor.

Virando a página, você vai encontrar uma tabela com os grupos alimentares que compõem o pê-efe. Dentro de cada um deles, há uma imensa possibilidade de variação de ingredientes. Seguir um padrão alimentar, afinal, não significa estar amarrado a um cardápio sempre igual. Pelo contrário: a diversidade é fundamental para uma alimentação saudável, porque cada alimento tem uma composição nutricional única. Quanto mais variada a alimentação, maior o leque de nutrientes. Você pode escolher os ingredientes de acordo com a região onde mora, o preço, a sazonalidade — lembre-se de que os produtos que estão na época são mais em conta, têm menos agrotóxicos e são mais saborosos.

Mesmo o feijão de todo dia tem muitas opções: pode ser carioca, preto, branco, rosinha, fradinho, andu... E também pode dar lugar a outras leguminosas, como lentilha e grão-de-bico. E o arroz? Além de variar entre branco e integral, grão curto e longo, também dá para inovar no refogado e acrescentar outros ingredientes: uma cenoura raladinha, cebolinha picada e especiarias, só para citar algumas possibilidades. A seguir, você vai ver que farinha, macarrão, batata, entre outros, por cumprirem um papel nutricional similar ao do arroz, também podem ser boas alternativas para variar. O segredo para manter a boa forma é dividir o espaço no prato – em vez de somar! Inspire-se na cozinha brasileira: é certeza de dieta saudável e saborosa, sem monotonia.

CONHEÇA
OS GRUPOS ALIMENTARES DO PÊ-EFE

Alimentação é um assunto complexo, mas as soluções para deixá-la saudável são bem simples. O pê-efe, ou prato feito, é a prova concreta disso: sem neuroses, sem medicalização da comida, a tradição popular criou uma dieta equilibrada, com quatro grupos alimentares que se complementam. Escolha uma fruta para a sobremesa e a refeição fica completa.

Você não precisa incluir os cinco grupos de alimentos todas as vezes que sentar à mesa. Tem aquele dia em que tudo o que você quer é uma massa e uma saladinha ou só uma sopa no jantar. Não há problema nisso. Mas conhecer essa divisão é um bom caminho para manter uma alimentação balanceada ao longo da semana. Se comeu macarrão com ovo à noite, sabe que no almoço precisa caprichar nas hortaliças! Se almoçou frango, o ideal é variar o tipo de proteína no dia seguinte.

Essa divisão também ajuda a entender que alguns alimentos têm um papel nutricional similar e, por isso, pertencem ao mesmo grupo. É o caso do arroz e da mandioca. Isso significa que eles não podem estar no mesmo prato? Claro que podem! Mas, para manter a alimentação equilibrada, o ideal é dividir o espaço destinado ao arroz com a mandioca, em vez de simplesmente acrescentar a mandioca. Veja o gráfico abaixo e, na sequência, confira mais detalhes sobre cada grupo de alimentos.

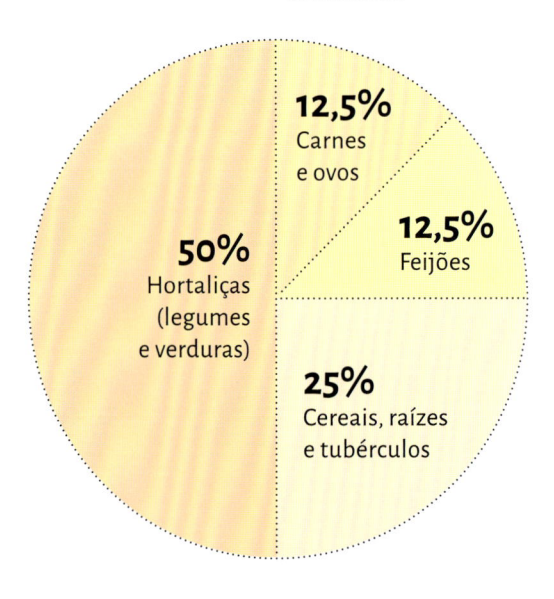

50% Hortaliças (legumes e verduras)

12,5% Carnes e ovos

12,5% Feijões

25% Cereais, raízes e tubérculos

Feijões

Além dos vários tipos de feijão, o grupo inclui outras leguminosas, como ervilha, lentilha e grão-de-bico. Isso significa que, no dia a dia, além de alternar a escolha do feijão (carioquinha, preto, branco e rosinha, entre outros), você pode preparar lentilha ou grão-de-bico para servir com arroz. Grãos mais firmes, como dos feijões andu, bolinha, manteiguinha e fradinho (que é usado no preparo do acarajé), também rendem ótimas saladas e mexidinhos — o feijão nem sempre precisa ser ensopado.

Cereais, raízes e tubérculos

Estes alimentos formam um grupo por cumprirem uma função nutricional semelhante – são energéticos: batata, batata-doce, mandioca, mandioquinha (batata-baroa), cará, inhame, milho, arroz (de todos os tipos), trigo (integral, para quibe, cuscuz marroquino), macarrão (farinha com água), entre outros. Você pode servir arroz, farinha e batata, mas eles devem dividir o espaço destinado ao arroz na composição do pê-efe.

Hortaliças (legumes e verduras)

A família aí é grande! Abóbora, abobrinha, acelga, almeirão... Só na letra A já tem um monte de opções com diferentes cores, texturas e possibilidades de preparo. O segredo é variar, porque cada alimento oferece uma composição nutricional única: quanto mais variada a alimentação, maior o leque de nutrientes. Mas você não precisa saber os nutrientes de cada alimento para deixar a alimentação saudável. O truque é variar as cores, e pronto: a ingestão de diferentes nutrientes está garantida. Vale lembrar que hortaliças não são apenas folhas nem se restringem a preparações frias. Quem gosta de texturas mais firmes pode investir em hortaliças assadas — brócolis, quiabo, repolho e acelga ficam incríveis no forno.

Carnes e ovos

Este grupo inclui carnes vermelhas, aves e pescados, ovos de galinha e de outras aves. Carnes podem ser simplesmente temperadas e grelhadas ou entrar em cozidos, ensopados e preparações de forno, só para citar alguns exemplos. Ovos são os reis da versatilidade (veja sugestões nas p. 29, 48 e 51). Para quem prefere excluir carne e ovos da dieta, há várias alternativas que garantem a dose de proteína no pê-efe. A mais simples é caprichar na porção de arroz e feijão. Somados, eles formam uma excelente fonte de proteínas. Para quem come leite e derivados, são uma boa alternativa. Ficam ótimos em preparações culinárias. Alguns exemplos: abobrinha recheada com ricota, queijo de coalho grelhado, legumes gratinados com molho branco, lasanha de berinjela, polenta com queijo e saladas com molho de iogurte ou coalhada são alguns exemplos.

FRUTAS: No Brasil, somos especialmente privilegiados em relação a este grupo. Além da imensa variedade nativa, temos muitas outras espécies que se adaptaram bem por aqui. Manga, maracujá, jaca, jabuticaba, tangerina, uva... Terminar a refeição com uma fruta é um ótimo hábito. Depois que você se acostuma, sente a maior falta quando não tem uma frutinha para encerrar o almoço ou jantar. E elas não precisam estar sempre in natura: podem ganhar complementos, como uma farofa crocante, ou ainda ser cozidas e virar uma sobremesa tentadora e muito saudável.

FEIJÃO NO PRATO

Planejamento é essencial para garantir o feijão no cardápio da semana. Dependendo do seu consumo, dá para cozinhar os grãos uma vez por mês. O segredo é porcionar e congelar, e só temperar na hora de servir — assim, o sabor vai ser sempre de comida fresquinha. Aprenda essa e outras estratégias neste guia para ter feijão na mesa todo dia, com esforço mínimo.

O tipo de feijão

Feijões como o fradinho, o andu e o manteiguinha são ótimos para preparações como salada e farofa, mas não rendem um feijão com caldo cremoso. Para o feijão ensopado de todo dia, escolha variedades como o carioca, o rosinha ou o rajado. As dicas de preparo a seguir são para esses tipos de grão. O feijão-preto e o branco também formam um caldo delicioso, mas levam 5 minutos a mais para cozinhar na panela de pressão.

A quantidade

Para calcular a quantidade de feijão que você deve cozinhar, leve em consideração o seu consumo médio e o tamanho do seu congelador (e da panela de pressão também). Em geral, 1 xícara (chá) de feijão seco rende 4 porções depois de cozido.

Molho e remolho

A primeira etapa no preparo do feijão é simples. Numa peneira, lave os grãos sob água corrente, transfira para uma tigela, cubra com água e deixe o feijão de molho de 8 a 12 horas, trocando a água uma vez durante esse período. Fácil, né? E faz uma bela diferença: grãos bem hidratados não ficam quebradiços e cozinham mais rapidamente. Outra vantagem: as substâncias que deixam o feijão indigesto e provocam gases são eliminadas na água — por isso é feita a troca (o remolho). Essa troca não tem que acontecer exatamente na metade do tempo — não precisa acordar às 4 da manhã para trocar a água! Você pode colocar os grãos de molho antes de ir para o trabalho, trocar a água quando voltar e cozinhar o feijão depois do banho, por exemplo.

Esqueceu de deixar os grãos de molho? Não precisa mudar o cardápio do jantar: o demolho curto resolve. Esse método é menos eficiente do que o molho/remolho para eliminar as substâncias que provocam gases, mas funciona como um ótimo atalho para hidratar os grãos. Numa panela, coloque o feijão (já lavado) e cubra com água; leve ao fogo alto e, assim que ferver, desligue o fogo; tampe a panela e deixe o feijão hidratar por 1 hora. Escorra e está pronto para a próxima etapa, o cozimento.

O cozimento

Feito o remolho ou o demolho, escorra a água e transfira os grãos para a panela de pressão. Cubra com água: para cada 1 xícara (chá) de feijão seco, calcule 3 xícaras (chá) de água. Junte 1 folha de louro (por xícara de feijão), tampe a panela e leve ao fogo alto. Quando começar a apitar, abaixe o fogo e deixe cozinhar por mais 10 minutos. Desligue o fogo e deixe todo o vapor sair antes de abrir a panela.

Para cozinhar na panela convencional (sem pressão): para cada 1 xícara (chá) de feijão seco, calcule 8 xícaras (chá) de água. O molho (ou o demolho curto) também é necessário neste método. Leve ao fogo alto e, quando começar a ferver, abaixe o fogo. Depois de meia hora, comece a verificar o ponto — dependendo do tipo, os grãos podem levar até 1 hora para cozinhar.

O refogado

Grãos cozidos, é hora de temperar! Mas não tudo de uma vez. Para que o feijão fique sempre com sabor de feito na hora, o truque é só refogar a porção que for consumir no dia — ou, no máximo, em dois dias... Para cada porção de feijão cozido (1 xícara [chá] com o caldo), você vai precisar de: ½ colher (sopa) de azeite, ¼ de cebola picada, ½ dente de alho picado, uma pitada de sal. Esse é o refogado básico, mas é claro que você pode incluir outros legumes aromáticos (como cenoura, tomate e pimentão) e especiarias (como cominho, páprica ou até curry).

Com esses ingredientes à mão, comece o refogado: leve uma panela ou frigideira pequena, dependendo da quantidade de feijão que quiser temperar, ao fogo médio, regue com o azeite, junte a cebola e uma pitada de sal e mexa bem por cerca de 2 minutos, até murchar. Junte o alho e mexa por mais 1 minuto. Agora, vai cerca de ⅓ da quantidade de feijão cozido, com caldo. Misture e amasse os grãos — isso ajuda a engrossar o caldo. Junte o restante do feijão, prove e ajuste o tempero com mais sal e pimenta-do-reino, caso seja necessário. Misture e deixe cozinhar mais um pouco em fogo baixo, até atingir a consistência desejada. Engrossou demais? Regue com um pouco de água fervente.

Atalho para o refogado

Para ganhar mais tempo no dia a dia, dá para congelar a cebola e o alho já refogados. Na hora de temperar o feijão, você só precisa levar a dupla do congelador direto para a panela e juntar o feijão (que também pode estar congelado!). O preparo desse atalho esperto é rapidinho.

Aqueça uma frigideira no fogo médio. Regue com 1 colher (chá) de azeite, junte 1 cebola picada fino, uma pitada de sal e refogue por 2 minutos, até murchar. Junte 2 dentes de alho picados fino e refogue por mais 1 minuto. Acrescente mais 3 colheres (sopa) de azeite, misture bem e desligue o fogo. Quando esfriar, embale o refogado em filme — coloque no meio de um pedaço quadrado e enrole as pontas, como se fosse papel de bala, para formar um rolinho. Mantenha no congelador.

Agora você tem 1 mês para usar. Para temperar 1 porção de feijão (1 xícara [chá] com o caldo), corte ¼ do rolinho congelado, coloque na panela e mexa com o feijão, até descongelar.

PARA CONGELAR

Voltemos àquela panela de feijão! Você temperou 1 ou 2 porções para consumir na sequência, certo? O restante vai ser porcionado e congelado. No Panelinha, calculamos 1 xícara (chá) por porção. Mas, se não é a sua medida ideal, divida o feijão cozido (com o caldo), sem tempero, como quiser e acomode em potes de vidro, embalagens de marmitex ou saquinhos com fechamento hermético. Como o líquido expande ao congelar, seja qual for o recipiente, preencha somente ¾ da capacidade total. Leve o feijão ainda morno à geladeira e, quando ele estiver frio, transfira para o congelador. O prazo de validade é de até 3 meses. Anote com caneta permanente!

PARA DESCONGELAR

O ideal é passar a porção do congelador para a geladeira na véspera. Esqueceu de fazer a transferência? Sem problemas: o feijão congelado também pode ir do marmitex ou saquinho direto para a panela. Se ele estiver num pote de vidro refratário, descongele em banho-maria (preencha uma panela com água, coloque o refratário com o feijão e leve ao fogo baixo para aquecer até descongelar). Aí, é só seguir as instruções para refogar e garantir feijão prontinho em poucos minutos, com sabor e aroma de feito na hora!

ARROZ É UMA FESTA

Ele vai do dia a dia ao jantar especial, combina com tudo e fica pronto num instante. A receita é simples e rápida, mas alguns detalhes separam o arroz soltinho dos grãos ao estilo "unidos venceremos". Saiba como não errar o preparo do arroz e aproveitar ao máximo esse alimento.

A quantidade

Cada 1 xícara (chá) de arroz cru rende 4 porções, que podem ser consumidas em até 3 dias. E sobra de arroz se transforma em ótimos pratos!

Escorra bem os grãos

Se o arroz for de uma boa marca, não precisa nem ser lavado. Ele já passou por um processo para tirar o amido residual do polimento que deixa o grão mais grudento (é por isso que se lavava o arroz antigamente!). Se você faz questão da etapa da lavagem, deixe os grãos escorrendo numa peneira por alguns minutos antes de usar.

Use água fervente

A ordem das etapas no preparo do arroz é inversa à do feijão: primeiro você refoga e depois cozinha. Mas antes de começar o refogado você já pode pôr a água para ferver. Além de não dar um choque térmico nos grãos, o uso da água fervente faz o arroz cozinhar mais rápido, sem empapar. Cada 1 xícara (chá) de arroz precisa de 2 xícaras (chá) de água fervente. Caso prefira o arroz integral, a proporção aumenta: cada 1 xícara (chá) de arroz integral precisa de 3 xícaras (chá) de água. Leve um pouco a mais de água para o fogo, assim, mesmo se evaporar uma parte, não vai faltar líquido.

Capriche no refogado

Enquanto a água ferve, você vai refogar o arroz — para cada 1 xícara de arroz, você vai precisar de 1 colher (sopa) de azeite, ½ cebola picada fino, 1 folha de louro e uma pitada de sal.

Leve uma panela ao fogo baixo, regue com o azeite, junte a cebola e tempere com uma pitada de sal. Mexa bem, até que ela fique transparente — como o arroz é branco, não se costuma dourar a cebola! Junte o arroz, a folha de louro e mexa bem por 1 minuto, até que os grãos estejam bem untados com o azeite — essa película que se forma em cada grão ajuda a deixar o arroz mais soltinho.

Respeite as medidas

Com o arroz já refogado é hora de despejar a água na panela. E aí vem o pulo do gato: para garantir a quantidade exata, meça novamente a água, já fervente, antes de regar o arroz. Só lembrando: para cada 1 xícara (chá) de arroz, use 2 xícaras (chá) de água.

Tempere com ½ colher (chá) de sal, misture bem e aumente o fogo para médio. Fique de olho: quando a água atingir o nível do arroz, apoie a tampe entreaberta e abaixe o fogo.

Fique atento, mas tranquilo

A partir desse ponto, só duas coisas podem atrapalhar o sucesso do seu arroz: distração (você esquece da vida e ele queima) ou ansiedade (você resolve acrescentar mais água ou mexer com a colher, antes de os grãos estarem cozidos). Portanto, fique por perto, mas contenha-se! Se você respeitou as medidas, é só deixar o arroz cozinhar até absorver todo o líquido. Para verificar se a água secou, enfie um garfo até o fundo da panela e afaste o arroz: se ainda estiver molhado, deixe cozinhar mais um pouquinho. Se já estiver seco, desligue o fogo e tampe a panela para o arroz terminar de cozinhar no próprio vapor por 5 minutos.

Não deixe o arroz na panela

Depois desses 5 minutos, solte os grãos com um garfo e transfira logo o arroz para uma tigela. Se ficar na panela, ele vai continuar cozinhando com o calor residual e aí, já viu: adeus, arroz soltinho!

ARROZ (QUASE) INSTANTÂNEO

Faz questão de arroz fresquinho todo dia? Para não ter que cozinhar do zero, você pode refogar a quantidade de arroz que vai consumir durante a semana, dividir em porções individuais e guardar na geladeira por até 3 dias ou no congelador por até 3 meses. Para terminar o cozimento, coloque a porção de arroz refogado numa panelinha, regue com água fervente, tempere com sal e deixe cozinhar até secar o líquido. Mas atenção: como a quantidade é reduzida, a proporção de líquido na receita muda. Para 1 porção de arroz refogado gelado (¼ de xícara de chá), adicione ⅔ de xícara (chá) de água fervente, ¼ de colher (chá) de sal e deixe cozinhar em fogo baixo. O arroz refogado congelado também pode ir direto para a panela — leve ao fogo baixo por cerca de 2 minutos para descongelar, mexendo de vez em quando, antes de despejar a água fervente.

REAQUECIDO E REANIMADO

Ok, arroz recém-saído da panela é bom, mas pronto na geladeira é um adianto na vida. O arroz cozido pode ser consumido em até 3 dias. O segredo é não deixar esfriar em temperatura ambiente: leve logo à geladeira. Faz diferença! Na hora de reaquecer, precisa regar com um pouco de água para os grãos ficarem tenros. Para cada 1 xícara (chá) de arroz cozido, acrescente 1 colher (chá) de água.

DE GRÃO EM GRÃO...

Sobrou só um tiquinho de arroz? Nada de jogar fora; congele! Reserve um recipiente para ir juntando as sobras no congelador e consuma em até 3 meses.

VOLTA POR CIMA

A sobra de arroz vira prato novo quando ganha a companhia de outros ingredientes. Quer um exemplo? Arroz frito com cenoura e abobrinha fica divino! Descasque e passe ½ cenoura pela parte grossa do ralador; rale também ½ abobrinha, com a casca; descasque 1 dente de alho e passe na parte fina do ralador. Aqueça uma frigideira, de preferência, antiaderente, em fogo médio, regue com ½ colher (sopa) de azeite, junte a cenoura e a abobrinha e refogue por 2 minutos, até murchar. Junte o alho e mexa por 1 minuto para perfumar. Acrescente 1½ colher (sopa) de azeite, junte 1 xícara (chá) de arroz cozido e mexa de vez em quando, durante 10 minutos. Raspe bem com uma espátula, para que os grãos dourados não grudem no fundo da frigideira. Tempere com sal e pimenta-do-reino moída na hora a gosto, transfira para uma tigela e sirva a seguir. Salsinha picada vai bem! Veja outras sugestões de reaproveitamento de arroz no capítulo 3.

QUAL O SEU GRELHADO?

Vale para filé de frango, para a carne de porco, para a carne vermelha e até para o peixe: para preparar grelhados perfeitos, a carne não deve estar gelada e a frigideira precisa estar bem quente. Explico: se o alimento estiver gelado, pode resfriar o fundo da panela e, em vez de selar, vai soltar água e cozinhar no próprio líquido. Os passos são: tire o alimento da geladeira uns minutos antes, aqueça a frigideira, regue com azeite (ou a gordura que estiver usando) e só então coloque o alimento para dourar.

Outra recomendação: não use garfo para pegar os alimentos! Ele fura a carne e faz com que os líquidos escorram — é certeza de que o bife vai ficar ressecado! Use uma pinça própria para grelhar. E nada de ficar "passeando" com a carne (seja ela vermelha ou branca) pela frigideira. Para selar, precisa ficar quietinha, até a hora de virar de lado. O truque é esperar desgrudar da frigideira —— só então é hora de virar. Veja a seguir sugestões de preparo com dicas para o grelhado deixar o pê-efe ainda mais apetitoso.

BIFE GRELHADO: retire 1 bife de contrafilé (cerca de 130 g) da geladeira e mantenha em temperatura ambiente por alguns minutos — ele não pode estar gelado na hora de ir pra frigideira. Leve uma frigideira ao fogo alto e tempere o bife com sal a gosto, uma pitada de páprica e outra de canela. Quando a frigideira aquecer, regue com 1 colher (chá) de azeite e coloque o bife. Deixe dourar, sem mexer, até que solte do fundo da frigideira — isso leva uns 2 minutos. Vire o bife e doure por mais 2 minutos.

FILÉ DE FRANGO GRELHADO: 1 FILÉ DE FRANGO (CERCA DE 200 G) · 1 COLHER (CHÁ) DE AÇÚCAR · 1 COLHER (SOPA) DE SAL · CÚRCUMA · COMINHO EM PÓ · 1 DENTE DE ALHO DESCASCADO E AMASSADO · AZEITE · PIMENTA-DO-REINO.

Para que o frango não fique ressecado nem sem sabor, o ideal é preparar uma espécie de soro, em que ele vai hidratar por 20 minutos. Numa tigela, misture o açúcar com o sal e tempere com uma pitada de cúrcuma e outra de cominho em pó. Junte o alho — não precisa picar. Coloque o filé de frango na tigela e esfregue com a mistura. Regue com água até cobrir o frango. Tampe a tigela com um prato e leve à geladeira para descansar (por 20 minutos). Retire o frango da salmoura, lave em água corrente e seque bem com papel-toalha. Aqueça uma frigideira média em fogo médio, regue com ½ colher (sopa) de azeite e coloque o filé com o lado mais liso para baixo. Deixe dourar por cerca de 2 minutos de cada lado e abaixe o fogo. Antes de virar, tempere com pimenta-do-reino a gosto. Deixe cozinhar em fogo baixo por mais 4 minutos de cada lado — o tempo pode variar dependendo do tamanho do filé. Sirva a seguir.

MEDALHÃO DE LOMBO GRELHADO: 1 MEDALHÃO DE LOMBO (CERCA DE 150 G) · 1 COLHER (CHÁ) DE AÇÚCAR · 1 COLHER (SOPA) DE SAL · ½ COLHER (CHÁ) DE SEMENTES DE ERVA-DOCE · AZEITE E PIMENTA-DO-REINO.

Assim como o frango, a carne de porco também precisa ficar no soro, antes de grelhar, para não ficar ressecada. Numa tigela, coloque o medalhão e junte o açúcar, o sal e as sementes de erva-doce. Esfregue bem os temperos dos dois lados do medalhão, cubra com água, tampe a tigela com um prato e deixe descansar por 20 minutos na geladeira. Retire o medalhão da salmoura, lave sob água corrente para tirar o excesso de sal e seque bem com um papel-toalha. Leve uma frigideira pequena ao fogo médio. Quando aquecer, regue com 1 colher (sopa) de azeite e coloque o medalhão. Tempere com pimenta-do-reino a gosto e deixe dourar por cerca de 3 minutos de cada lado. Sirva a seguir. Você também pode usar a técnica do soro para bistecas e substituir as sementes de erva-doce por 1 colher (chá) de gengibre ralado.

SALMÃO EM CROSTA DE ERVAS: 1 TRANCHE DE SALMÃO (CERCA DE 150 G) · ½ COLHER (SOPA) DE TOMILHO SECO · ½ COLHER (SOPA) DE ALECRIM SECO · ½ COLHER (SOPA) DE ORÉGANO SECO · ½ COLHER (CHÁ) DE ALHO DESIDRATADO (EM FLOCOS OU GRANULADO) · ½ COLHER (CHÁ) DE SEMENTES DE COMINHO · ½ COLHER (SOPA) DE PÁPRICA · ½ COLHER (CHÁ) DE SAL · AZEITE.

Numa tábua, pique fino as ervas secas, o alho desidratado e as sementes de cominho. Misture com a páprica e o sal (se preferir, bata todos os ingredientes num miniprocessador). Num prato, coloque a mistura de temperos e empane a tranche de salmão dos dois lados — não é necessário cobrir as laterais. Aqueça uma frigideira em fogo médio, regue com 1 colher (sopa) de azeite e coloque o salmão. Deixe grelhar, sem mexer, por cerca de 2 minutos, até dourar. Vire delicadamente e deixe cozinhar por mais 2 minutos. Se a tranche for muito fina, diminua o tempo de cocção — a ideia é que ela fique crua por dentro e com uma casquinha crocante por fora.

....

SELAR: técnica culinária que serve, principalmente, para dar cor e preservar os líquidos naturais e, assim, não ressecar o alimento.

....

Feira livre

Ao longo do livro, espero ter conseguido mostrar que variação é essencial no contexto de alimentação saudável de verdade. Cada alimento tem uma composição nutricional única; por isso, quanto mais variado o cardápio, mais amplo o leque de nutrientes que você oferece ao seu organismo.

Para quem mora sozinho, comprar um monte de hortaliças diferentes na mesma semana não costuma ser uma boa estratégia — é bem provável que não dê tempo de usar todas elas e boa parte acabe no lixo. O truque é ir variando semana a semana. E, também, dar preferência aos produtos da época: você vai comer frutas e legumes mais saborosos e pagar menos por eles.

O ponto é: como driblar o tédio de comer repolho por vários dias seguidos? Nas próximas páginas, você encontra sugestões de preparo surpreendentes para algumas das hortaliças (legumes e verduras) mais comuns do mercado. Assim, não tem desculpa para não incluir mais alimentos in natura no seu pê-efe!

O repolho, por exemplo, pode vir acompanhado de maçã num dia e, no outro, ser grelhado com bacon. As minirreceitas que você vai ver a seguir servem de referência para você usar como quiser — adapte os preparos para outros ingredientes, sirva como entrada, acompanhamento ou, dependendo do caso, dá até para virar prato principal. Uma volta na feira vai render assunto para muitas refeições!

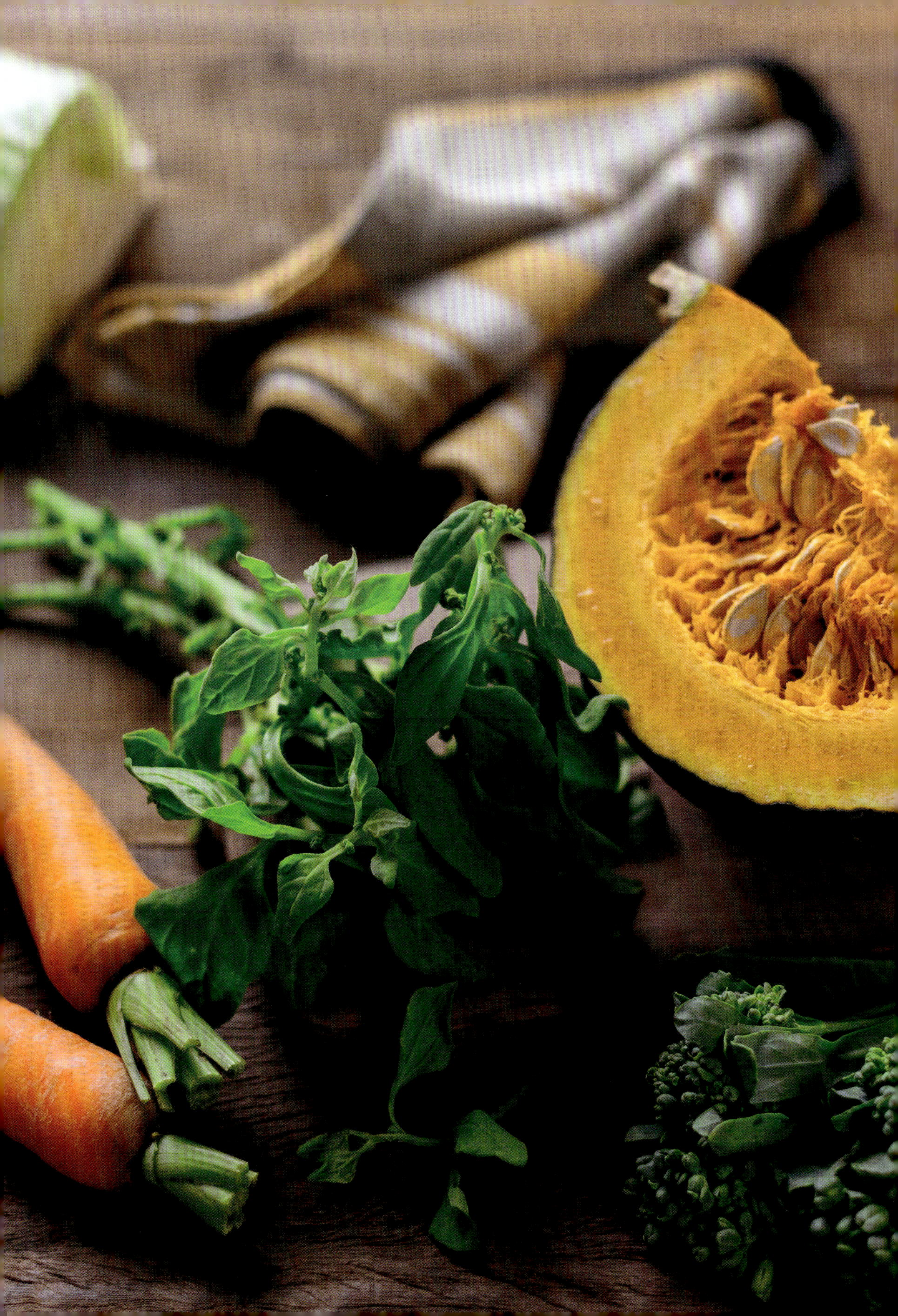

ABÓBORA

Bastam alguns minutos de cozimento para a abóbora perder aquele jeito de durona e revelar a textura cremosa e o sabor levemente adocicado. Para facilitar as preparações e ganhar tempo, compre já cortada em cubos na feira!

PURÊ DE ABÓBORA COM MANTEIGA DE SÁLVIA: 500 G DE ABÓBORA JAPONESA DESCASCADA E CORTADA EM PEDAÇOS MÉDIOS · 6 RAMOS DE SÁLVIA · MANTEIGA · ÁGUA · SAL · PIMENTA-DO-REINO.

Numa panela média, leve ao fogo alto os pedaços de abóbora com ½ xícara (chá) de água e 3 ramos de sálvia. Quando começar a ferver, abaixe o fogo para médio e deixe cozinhar com a panela tampada por cerca de 10 minutos, mexendo de vez em quando para não grudar no fundo da panela. À medida que a abóbora for cozinhando, vá amassando com uma colher, até formar um purê rústico.

Enquanto isso, numa frigideira pequena, derreta 1 colher (sopa) de manteiga em fogo médio. Quando espumar, coloque as folhas dos outros 3 ramos de sálvia e frite por 30 segundos. Transfira para um prato com papel-toalha e reserve a manteiga na frigideira.

Quando a abóbora estiver cozida, tempere com sal e pimenta-do-reino. Descarte os ramos de sálvia cozidos, desligue o fogo, junte a manteiga perfumada e misture bem. Sirva a seguir com as folhas de sálvia fritas. O purê rende 2 porções e dura 2 dias na geladeira.

SOPA CREMOSA DE ABÓBORA COM CURRY: 500 G DE ABÓBORA JAPONESA DESCASCADA E CORTADA EM PEDAÇOS MÉDIOS · ½ CEBOLA E 1 DENTE DE ALHO PICADOS FINO · 1 FOLHA DE LOURO · 1 COLHER (CHÁ) DE CURRY · ÁGUA · MANTEIGA · SAL · PIMENTA-DO-REINO · UM PUNHADO DE SEMENTES TORRADAS DE ABÓBORA PARA SERVIR.

Leve uma panela média com 1 colher (sopa) de manteiga ao fogo médio. Quando derreter, junte a cebola, tempere com uma pitada de sal e refogue até murchar. Junte o alho, a folha de louro e misture por 1 minuto. Adicione a abóbora e o curry, tempere com mais um pouco de sal e pimenta-do-reino, misture e regue com 2 xícaras (chá) de água. Quando ferver, diminua o fogo e deixe cozinhar com a tampa entreaberta por 20 minutos.

Descarte o louro, transfira a abóbora cozida com o caldo para o liquidificador e bata até ficar liso. Atenção: segure a tampa com um pano de prato para evitar que o vapor empurre a tampa e abra o liquidificador. Sirva a sopa com sementes torradas de abóbora. Rende 2 porções e dura 3 dias na geladeira.

ABÓBORA GRELHADA COM MOLHO DE TAHINE: 2 FATIAS DE ABÓBORA JAPONESA COM CASCA (CORTADAS EM MEIAS-LUAS COM 1 CM DE ESPESSURA) · ½ CEBOLA ROXA (CORTADA EM 4 GOMOS) · 1 DENTE DE ALHO PEQUENO · 2 COLHERES (SOPA) DE TAHINE (PASTA DE GERGELIM) · CALDO DE ½ LIMÃO · AZEITE · ÁGUA · SAL · PIMENTA-DO-REINO.

Leve uma frigideira antiaderente (ou bistequeira) ao fogo médio. Quando estiver bem quente, regue com 1 colher (chá) de azeite e coloque as fatias de abóbora uma ao lado da outra. Encaixe os gomos de cebola entre elas, tempere com sal e pimenta-do-reino e deixe dourar por cerca de 3 minutos de cada lado, até que fiquem macias e tostadas.

Para acompanhar, prepare o molho de tahine: no pilão, bata o alho com uma pitada de sal, até formar uma pastinha; junte o tahine, o caldo de limão e misture bem; aos poucos, acrescente 2 colheres (sopa) de água, até obter a consistência desejada. Sirva com a abóbora. Rende 1 porção.

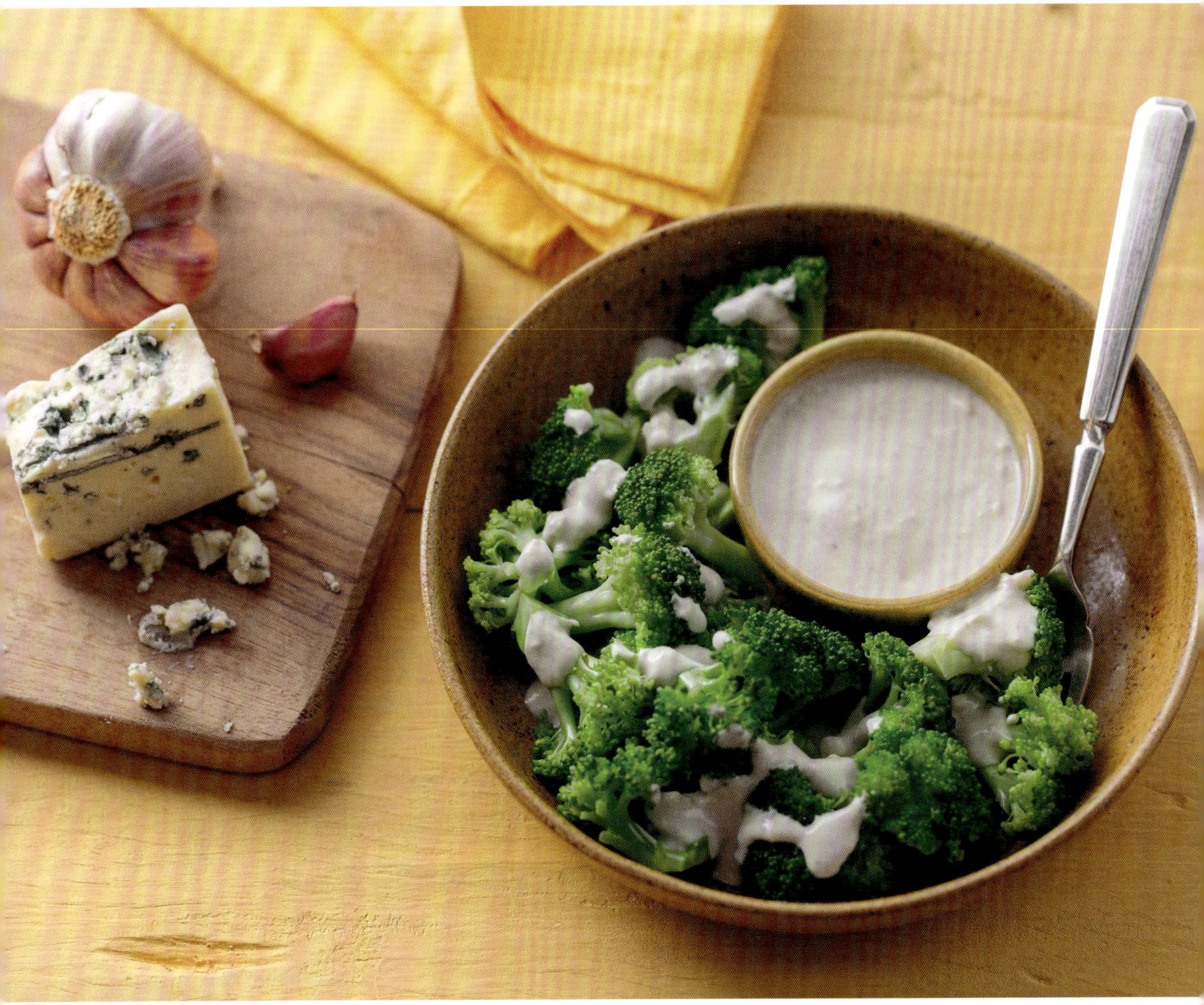

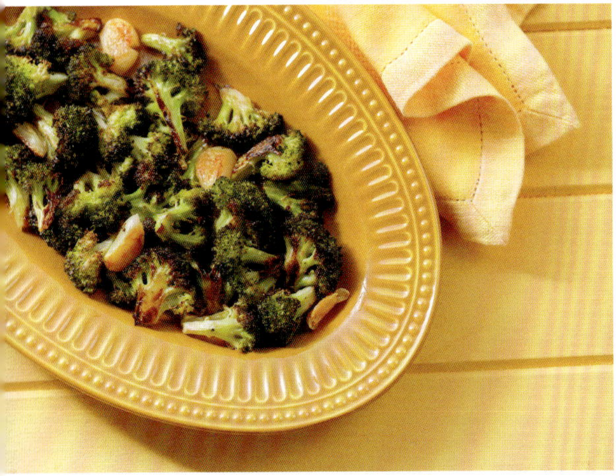

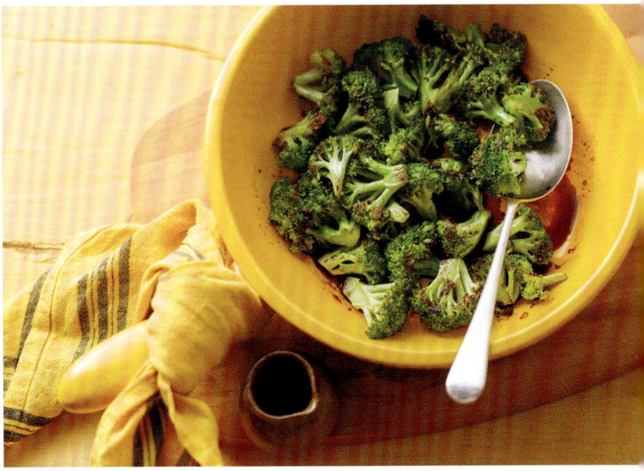

BRÓCOLIS

Assado, grelhado, branqueado.... Com atenção ao tempo de cozimento para garantir a textura firme, o brócolis nunca decepciona.

BRÓCOLIS ASSADO COM ALHO: ½ MAÇO DE BRÓCOLIS NINJA EM FLORETES MÉDIOS · 4 DENTES DE ALHO DESCASCADOS (AMASSE COM A LATERAL DA FACA!) · AZEITE · SAL · PIMENTA-DO-REINO.

Preaqueça o forno a 200 ºC (temperatura média). Numa assadeira média, junte os dentes de alho com os floretes, formando um montinho. Regue com 1 colher (sopa) de azeite, tempere com sal e pimenta-do-reino a gosto e misture bem com as mãos. Espalhe bem para deixar espaço entre os pedaços — para ficar mais crocante, o brócolis não pode ficar amontoado na assadeira. Leve ao forno para assar por cerca de 20 minutos, até dourar. Sirva a seguir. Rende 2 porções e dura até 3 dias na geladeira.

BRÓCOLIS BRANQUEADO: ½ MAÇO DE BRÓCOLIS NINJA EM FLORETES MÉDIOS (DESCARTE A BASE GROSSA DO TALO) · ÁGUA · GELO · SAL.

Leve uma panela grande com água ao fogo alto e prepare uma tigela com água e gelo. Assim que a água ferver, misture ½ colher (sopa) de sal e mergulhe os floretes de brócolis. Deixe cozinhar por apenas 2 minutos e, com a escumadeira, transfira para a tigela com água e gelo — essa técnica se chama branquear e serve para realçar a cor e o sabor dos alimentos. Escorra bem a água e sirva a seguir com molho de queijo azul (veja a receita na p. 148). Rende 2 porções. O brócolis branqueado pode ser congelado e dura até 6 meses em um saco plástico com fechamento hermético.

BRÓCOLIS GRELHADO COM SHOYU: ¼ DE MAÇO DE BRÓCOLIS NINJA CORTADO EM FLORETES PEQUENOS (DO TAMANHO DE UM BOCADO) · 1 COLHER (SOPA) DE SHOYU · AZEITE · PIMENTA-DO-REINO.

Aqueça uma frigideira média, de preferência antiaderente, em fogo médio. Regue com ½ colher (sopa) de azeite, acrescente os floretes (eles devem estar bem sequinhos, para grelhar melhor) e tempere com pimenta-do-reino. Doure por cerca de 6 minutos, virando com uma pinça, até ficarem tostados (se sua frigideira for pequena, doure em duas levas). Regue com o shoyu, misture e desligue o fogo. Sirva quente. Rende 1 porção.

CENOURA

Ela costuma aparecer sempre como coadjuvante, mas nestas receitas prova que também tem vocação para protagonista. Palmas para a cenoura!

CENOURA GRELHADA: 1 CENOURA EM PALITINHOS (CORTE AO MEIO, NO SENTIDO DA LARGURA, E DEPOIS CADA METADE EM QUARTOS, NO SENTIDO DO COMPRIMENTO) · AZEITE · SAL · PIMENTA-DO-REINO.

Aqueça uma frigideira antiaderente grande em fogo médio. Regue com ½ colher (chá) de azeite e disponha os palitos de cenoura de modo que todos fiquem em contato com o fundo da frigideira — se ficarem amontoados, vão cozinhar no próprio vapor em vez de grelhar. Vá virando, até que todos os lados estejam dourados (cerca de 8 minutos, no total). Tempere com sal e pimenta-do-reino moída na hora a gosto e sirva com molho de mostarda e mel (veja a receita na p. 150). Rende 1 porção.

SALADA MARROQUINA DE CENOURA: PARA O MOLHO CURRY, VOCÊ VAI PRECISAR DE ½ CEBOLA E 1 DENTE DE ALHO PICADOS FINO · ½ COLHER (CHÁ) DE CURRY · ½ COLHER (SOPA) DE GENGIBRE RALADO · RASPAS DA CASCA DE 1 LIMÃO · CALDO DE ½ LIMÃO · 1 COLHER (SOPA) DE VINAGRE DE MAÇÃ · 1 COLHER (SOPA) DE MEL.

Aqueça uma panela pequena em fogo baixo. Regue com 1 colher (sopa) de azeite e refogue a cebola e o gengibre com o curry por 2 minutos. Junte o alho e refogue por 1 minuto. Transfira o refogado para uma tigela grande e misture as raspas e o caldo de limão, o vinagre de maçã e o mel. Reserve.

PARA A SALADA, VOCÊ VAI PRECISAR DE 1 COLHER (SOPA) DE UVAS-PASSAS BRANCAS · ¼ DE XÍCARA (CHÁ) DE CALDO DE LARANJA-BAÍA · 1 CENOURA RALADA GROSSO · 1 MINIMAÇÃ RALADA GROSSO (DESCARTE AS SEMENTES E A CASCA) · SAL · PIMENTA-DO-REINO · MOLHO CURRY.

Numa tigela pequena, coloque as uvas-passas, cubra com o caldo de laranja-baía e deixe hidratar por 5 minutos. Junte a cenoura, a maçã e as uvas-passas hidratadas (com o caldo) ao molho curry. Tempere com sal e pimenta-do-reino a gosto e sirva a seguir. Rende 2 porções e dura até 3 dias na geladeira.

HOMUS DE CENOURA: 2 CENOURAS RALADAS GROSSOS · 1 DENTE DE ALHO DESCASCADO (AMASSE COM A LATERAL DA FACA) · 1 LATA DE GRÃO-DE-BICO EM CONSERVA ESCORRIDO · 1½ COLHER (SOPA) DE TAHINE · CALDO DE 1½ LIMÃO · ÁGUA FILTRADA · AZEITE · SAL · PÁPRICA · AMENDOIM TORRADO E PICADO A GOSTO.

Aqueça uma panela média em fogo médio. Regue com 1 colher (sopa) de azeite, adicione o alho e mexa por alguns segundos, apenas para perfumar. Junte a cenoura, tempere com uma pitada de sal e refogue por 5 minutos, até murchar. No processador, junte a cenoura refogada (com o alho), o grão-de-bico, o tahine, o caldo de limão e 2 colheres (sopa) de azeite. Tempere com 1 colher (chá) de sal e bata até formar uma pasta. Vá adicionando ¼ de xícara (chá) de água filtrada, aos poucos, até obter a consistência desejada (mais rústica ou mais lisa e cremosa). Regue com azeite, polvilhe com páprica e amendoim e está pronto para servir. Rende 4 porções como acompanhamento (vai bem com grelhados!) ou aperitivo (sirva para os amigos, com pão sírio). Na geladeira, dura 4 dias.

COUVE-FLOR

Graças ao sabor suave, a couve-flor é superversátil. Pode ganhar um toque cítrico do limão ou sotaque árabe, com tahine. E fica ótima com um molho agridoce. Pode escolher: ela topa tudo!

COUVE-FLOR COZIDA COM ALCAPARRAS E LIMÃO: ½ COUVE-FLOR EM FLORETES PEQUENOS (DO TAMANHO DE UM BOCADO) · 1 DENTE DE ALHO PICADO FINO · ¼ DE COLHER (CHÁ) DE CÚRCUMA · 2 COLHERES (SOPA) DE ALCAPARRAS · RASPAS DE 1 LIMÃO · CALDO DE ½ LIMÃO · ÁGUA · GELO · VINAGRE DE VINHO BRANCO · SAL · PIMENTA-DO-REINO.

Leve uma panela média com água ao fogo alto e prepare uma tigela com água e gelo. Assim que a água ferver, misture 1 colher (chá) de sal e 1 colher (chá) de vinagre de vinho branco. Junte a couve-flor e deixe cozinhar por 2 minutos. Com uma escumadeira, transfira os floretes para a tigela com água e gelo (para cessar o cozimento). Escorra bem a água e reserve a couve-flor numa tigela.

Aqueça uma frigideira pequena em fogo médio. Regue com 2 colheres (sopa) de azeite e refogue o alho, a cúrcuma e as alcaparras por cerca de 2 minutos. Tempere com pimenta-do-reino moída a gosto — a alcaparra já é salgada. Regue a couve-flor com o refogado quente, misture as raspas e o caldo de limão. Sirva a seguir. Rende 2 porções e dura até 3 dias na geladeira.

COUVE-FLOR GRELHADA: ¼ DE COUVE-FLOR EM FLORETES PEQUENOS (DO TAMANHO DE UM BOCADO) · AZEITE · SAL · PIMENTA-DO-REINO.

Aqueça uma frigideira média, de preferência antiaderente, em fogo médio. Regue com um fio de azeite e junte quantos floretes couberem, sem amontoar um sobre o outro — eles precisam ficar em contato com o fundo da frigideira para dourar e ficar crocantes. Tempere com sal e pimenta-do-reino a gosto e deixe grelhar por cerca de 6 minutos, virando com uma pinça para dourar por igual. Transfira os floretes para uma travessa e sirva com o molho da sua preferência. Com o de tahine (veja a receita na pág. 137) fica demais! Rende 2 porções e dura até 3 dias na geladeira.

COUVE-FLOR ASSADA AGRIDOCE: ½ COUVE-FLOR EM FLORETES MÉDIOS · ½ COLHER (CHÁ) DE PÁPRICA · ¼ DE COLHER (CHÁ) DE PIMENTA CALABRESA · 1 COLHER (SOPA) DE MEL · 1½ COLHER (SOPA) DE VINAGRE · SAL.

Preaqueça o forno a 220 °C (temperatura alta). Numa tigela média, misture a páprica, a pimenta calabresa, o mel e o vinagre. Junte a couve-flor e misture para envolver todos os floretes no molho. Espalhe a couve-flor em uma assadeira e tempere com sal a gosto — quanto mais espaço entre os floretes, mais crocantes eles ficam. Leve ao forno para assar por cerca de 20 minutos, até dourar — na metade do tempo, vire os pedaços com uma pinça. Retire do forno e sirva a seguir. Rende duas porções e dura até 3 dias na geladeira.

PRATOS COMPLETOS **143**

144 PRATOS COMPLETOS

REPOLHO

Com molho, ele vira salada. Mas também pode ser cozido, assado, grelhado. O repolho é ponta firme na cozinha de quem faz comida só para si, pois dura que é uma beleza! Uma dica para o pré-preparo: primeiro corte e depois lave o repolho.

SALADA DE REPOLHO MACERADO: ½ REPOLHO EM FATIAS FINAS (SE QUISER, USE UM MANDOLIM) · 4 RAMOS DE SALSINHA PICADA · 1½ COLHER (SOPA) DE VINAGRE DE VINHO BRANCO · AZEITE · SAL.

Coloque as fatias de repolho num escorredor de salada e lave sob água corrente. Encaixe o escorredor sobre uma tigela, tempere o repolho com 1 colher (chá) de sal e misture com as mãos — aperte bem para extrair o excesso de líquido e deixar as fatias mais macias e com sabor mais suave. Transfira o repolho para uma outra tigela, junte a salsinha, o vinagre e 1 colher (sopa) de azeite, misture bem e sirva. Rende 2 porções e dura até 3 dias na geladeira.

REPOLHO GRELHADO COM BACON: 2 GOMOS DE REPOLHO (CORTE ¼ DA CABEÇA DE REPOLHO, MANTENDO O TALO CENTRAL; EM SEGUIDA, CORTE-O AO MEIO, NO SENTIDO DO COMPRIMENTO) · ¼ DE XÍCARA (CHÁ) DE BACON EM CUBOS · 1 COLHER (SOPA) DE VINAGRE BALSÂMICO · SAL.

Lave os gomos sob água corrente, com cuidado para não soltar as folhas — descarte as primeiras, caso estejam machucadas. Seque bem com um pano de prato. Aqueça uma frigideira média no fogo médio e doure o bacon por cerca de 4 minutos, mexendo de vez em quando — ele vai soltar gordura suficiente para grelhar o repolho. Reserve o bacon num prato. Coloque os gomos de repolho na frigideira e deixe dourar por 3 minutos de cada lado. Desligue o fogo e regue o repolho com o vinagre balsâmico, tempere com sal a gosto e sirva com o bacon dourado. Rende 1 porção.

REPOLHO REFOGADO COM MAÇÃ: ¼ DE REPOLHO PEQUENO, EM CUBOS GRANDES DE CERCA DE 2,5 CM · 1 MINIMAÇÃ EM CUBOS MÉDIOS (DESCARTE AS SEMENTES) · 1 FOLHA DE LOURO · MANTEIGA · NOZ-MOSCADA RALADA NA HORA · SAL · GERGELIM BRANCO A GOSTO.

Coloque os cubos de repolho numa tigela, cubra com água e lave bem. Retire as folhas e, em vez de escorrer a água, deixe num escorredor. Leve uma frigideira média ao fogo médio e junte 1 colher (sopa) de manteiga. Quando derreter, adicione os cubos de maçã e a folha de louro e deixe cozinhar por 5 minutos, mexendo de vez em quando, até que a maçã comece a dourar. Acrescente o repolho e refogue por 3 minutos, até as folhas murcharem. Tempere com a noz-moscada e sal a gosto. Sirva polvilhado com gergelim branco. Rende 2 porções e dura 3 dias na geladeira.

ESPINAFRE

Não se intimide com o tamanho do maço de espinafre: as folhas macias diminuem muito depois de cozidas. E não jogue os talos fora — eles têm uma textura crocante ótima para incrementar a farofa e outros pratos.

ESPINAFRE COM GRÃO-DE-BICO: 1 XÍCARA (CHÁ) DE FOLHAS DE ESPINAFRE (GUARDE OS TALOS PARA FAZER A FAROFA A SEGUIR) · ⅓ DE LATA DE GRÃO-DE-BICO EM CONSERVA ESCORRIDO · 1 DENTE DE ALHO PICADO FINO · PÁPRICA PICANTE · CALDO DE ½ LIMÃO · CANELA EM PÓ · SAL · PIMENTA-DO-REINO.

Aqueça uma frigideira antiaderente em fogo médio. Junte 1 colher (sopa) de azeite e refogue o alho por 1 minuto. Acrescente o grão-de-bico, tempere com uma pitada de canela em pó, a páprica picante, sal e pimenta-do-reino. Mexa por 2 minutos para aquecer os grãos e incorporar os sabores. Junte o espinafre e refogue, mexendo bem, até as folhas murcharem e secar a água que se formou — isso leva cerca de 2 minutos. Desligue o fogo, regue com o caldo de limão e sirva a seguir. Rende 1 porção.

FAROFA COM TALOS DE ESPINAFRE: 4 TALOS DE ESPINAFRE PICADOS FINO · ½ CEBOLA PICADA FINO · ½ XÍCARA (CHÁ) DE FARINHA DE MILHO AMARELA (FLOCADA) · RASPAS DE 1 LIMÃO · MANTEIGA · SAL · PIMENTA-DO-REINO.

Leve uma frigideira média com 2 colheres (sopa) de manteiga ao fogo baixo. Quando derreter, adicione os talos de espinafre e a cebola, tempere com uma pitada de sal e refogue por cerca de 3 minutos, até murchar. Junte aos poucos a farinha de milho flocada, mexendo com a espátula para incorporar. Desligue o fogo, tempere com sal e pimenta-do-reino a gosto, mais as raspas de limão. Sirva a seguir. Rende 1 porção.

CONGELADO TAMBÉM VALE

Comprar espinafre, ervilha e milho congelados é uma ótima estratégia para garantir comida de verdade, mesmo em dias em que a geladeira está na entressafra. Você pode tirar só a quantidade necessária e manter o pacote no congelador.

CREME DE ESPINAFRE: 200 G DE ESPINAFRE CONGELADO PICADO · 2 COLHERES (SOPA) DE FARINHA DE TRIGO · 1½ XÍCARA (CHÁ) DE LEITE · MANTEIGA · ¼ DE XÍCARA DE QUEIJO PARMESÃO RALADO FINO · NOZ-MOSCADA RALADA NA HORA · SAL · PIMENTA-DO-REINO.

Numa panela média, derreta 2 colheres (sopa) de manteiga em fogo baixo. Junte a farinha e mexa bem por 2 minutos, até ficar levemente bronzeada. Adicione o leite de uma só vez e mexa vigorosamente com um batedor de arame para dissolver todos os gruminhos. Aumente o fogo para médio, tempere com noz-moscada a gosto e mexa até engrossar — cerca de 10 minutos. Acrescente o espinafre e mexa bem para descongelar e aquecer; tempere com sal e pimenta-do-reino. Cozinhe sem parar de mexer por 10 minutos ou até ficar cremoso. Desligue o fogo, junte o parmesão e misture bem. Transfira para uma tigela e sirva a seguir. Rende 2 porções e dura até 2 dias na geladeira.

ERVILHA REFOGADA COM BACON: ½ XÍCARA (CHÁ) DE ERVILHAS CONGELADAS · 2 COLHERES (SOPA) DE BACON EM CUBOS · PIMENTA-DO-REINO MOÍDA NA HORA · FOLHAS DE ENDRO (DILL).

Aqueça uma frigideira pequena em fogo médio e refogue o bacon por cerca de 4 minutos. Junte as ervilhas e vá mexendo por uns 2 minutos para descongelar e aquecer. Tempere com pimenta-do-reino (o bacon costuma ser bem salgado). Misture bem e sirva a seguir com folhas de endro (dill). Rende 1 porção.

PURÊ DE ERVILHA: 1 XÍCARA (CHÁ) DE ERVILHAS CONGELADAS · ½ CEBOLA PICADA FINO · MANTEIGA · FOLHAS DE HORTELÃ · SAL · PIMENTA-DO-REINO.

Leve uma panela pequena com 1 colher (sopa) de manteiga ao fogo médio. Quando derreter, junte a cebola, tempere com uma pitada de sal e refogue por cerca de 2 minutos, até murchar. Acrescente as ervilhas, tempere com mais um pouco de sal e pimenta-do-reino e refogue por cerca de 5 minutos para descongelar e aquecer. Acrescente ¼ de xícara (chá) de água e deixe cozinhar por mais 2 minutos, até as ervilhas ficarem macias. Transfira as ervilhas (com o líquido do cozimento) para o copo do mixer (ou liquidificador). Acrescente folhas de hortelã a gosto e bata até formar um purê. Prove e acerte o sal. Transfira para uma tigela e sirva a seguir. Rende 1 porção.

SOPA DE ERVILHA COM LIMÃO: 2 XÍCARAS (CHÁ) DE ERVILHAS CONGELADAS · ½ CEBOLA E 1 DENTE DE ALHO PICADOS FINO · ½ CENOURA RALADA GROSSO · 1 TALO DE SALSÃO PICADO · 1 COLHER (CHÁ) DE PÁPRICA PICANTE · CALDO DE ½ LIMÃO · AZEITE · SAL.

Aqueça uma panela média em fogo médio. Regue com 1 colher (sopa) de azeite e refogue a cebola com uma pitada de sal por cerca de 4 minutos, até começar a dourar. Acrescente a cenoura e o salsão e refogue por mais 2 minutos, até murchar. Junte o alho e a páprica picante e mexa por 1 minuto para perfumar. Junte a ervilha e misture bem. Regue com 1½ xícara (chá) de água, aos poucos, raspando os queimadinhos do fundo — eles dão sabor ao caldo. Tempere com ½ colher (chá) de sal, misture e aumente o fogo. Quando ferver, diminua o fogo e deixe cozinhar por mais 4 minutos, para incorporar os sabores. Transfira para o liquidificador, junte o caldo de limão e bata até ficar lisa. Atenção: segure bem firme a tampa do liquidificador com um pano de prato para evitar que o vapor empurre e abra a tampa. Sirva a seguir com folhas de hortelã e pipoca. Rende 2 porções e dura 2 dias na geladeira.

CREME DE MILHO: 1 XÍCARA (CHÁ) DE MILHO CONGELADO · ½ CEBOLA PICADA FINO · ¾ DE XÍCARA (CHÁ) DE LEITE · MANTEIGA · SAL.

Leve uma panela pequena com 1 colher (sopa) de manteiga ao fogo médio. Quando derreter, adicione a cebola, tempere com uma pitada de sal e refogue por 2 minutos, até murchar. Acrescente ¾ de xícara (chá) do milho e refogue por 4 minutos, até os grãos ganharem um tom mais vivo. Regue com o leite, tempere com sal e mexa por mais 2 minutos, até aquecer. Transfira a mistura para o liquidificador e bata por 1 minuto ou até ficar liso. Atenção: segure a tampa do liquidificador com um pano de prato para evitar que o vapor empurre a tampa para fora. Volte para a panela em fogo baixo, junte o milho restante e deixe cozinhar por cerca de 6 minutos, mexendo de vez em quando para não grudar no fundo da panela, até ficar cremoso.. Tempere com sal a gosto e sirva a seguir. Rende 2 porções e dura 3 dias na geladeira.

MILHO REFOGADO COM TOMATE: ½ XÍCARA (CHÁ) DE MILHO CONGELADO · ½ CEBOLA PICADA · 6 TOMATES-CEREJA CORTADOS AO MEIO · 2 TALOS DE CEBOLINHA FATIADOS · RASPAS DE 1 LIMÃO · MANTEIGA · PIMENTA-DE-CAIENA · SAL.

Leve uma frigideira com ½ colher (sopa) de manteiga ao fogo baixo para derreter. Junte o milho e a cebola, e tempere com uma pitada de sal. Refogue por cerca de 4 minutos, mexendo de vez em quando, até os grãos ficarem macios e dourarem. Acrescente os tomates e mexa por 1 minuto. Junte a cebolinha, as raspas de limão, uma pitada de pimenta-de-caiena e mexa por 1 minuto para perfumar. Sirva a seguir. Rende 1 porção.

VIRADINHO DE MILHO COM PIMENTÃO AMARELO: ¼ DE XÍCARA (CHÁ) DE MILHO CONGELADO · ¼ DE CEBOLA PICADA FINO · FOLHAS DE 1 TALO DE SALSINHA PICADAS FINO · ¼ DE PIMENTÃO AMARELO PEQUENO EM CUBOS · ¼ DE XÍCARA (CHÁ) DE FARINHA DE MILHO AMARELA (FLOCADA) · SAL · PIMENTA-DO-REINO.

Leve uma frigideira com ½ colher (sopa) de manteiga ao fogo médio. Quando derreter, adicione a cebola, tempere com uma pitada de sal e refogue por 2 minutos, até murchar. Acrescente o milho e o pimentão e refogue por cerca de 3 minutos, até que o milho ganhe um tom mais vivo. Regue com ½ xícara (chá) de água, misture e deixe os grãos cozinharem por 2 minutos — a água não pode secar. Acrescente a salsinha e tempere com sal e pimenta-do-reino a gosto. Abaixe o fogo e junte a farinha de milho flocada aos poucos, sem parar de mexer — o viradinho deve ficar bem úmido. Desligue o fogo e sirva a seguir. Rende 1 porção.

E AS FOLHAS VERDES?

Alface de todos os tipos, rúcula, agrião, escarola... Uma saladinha de verdes não pode faltar na refeição. Mas você não precisa comer folhas por obrigação: capriche no molho e transforme salada em atração!

MOLHO VINAGRETE FRANCÊS: 6 COLHERES (SOPA) DE AZEITE · 2 COLHERES (SOPA) DE VINAGRE DE VINHO TINTO · ½ COLHER (SOPA) DE MOSTARDA DE DIJON · SAL · PIMENTA-DO-REINO.

Em um vidro que tenha tampa, coloque todos os ingredientes, feche e chacoalhe bem para misturar e emulsionar. Bem fechado, o molho dura 1 semana na geladeira e combina com os mais diversos tipos de salada. Experimente acrescentar outros sabores a essa versão básica, como ervas e até geleias! Mel também vai bem, como você vai ver na receita a seguir.

MOLHO DE MOSTARDA E MEL: 2 COLHERES (SOPA) DE MOSTARDA DE DIJON · 1 COLHER (SOPA) DE MEL · 1 COLHER (SOPA) DE VINAGRE DE VINHO TINTO · ¼ DE XÍCARA (CHÁ) DE AZEITE · SAL · PIMENTA-DO-REINO.

Num pote de vidro com tampa, junte a mostarda de Dijon, o mel, o vinagre de vinho tinto e o azeite. Tampe e chacoalhe bem até formar um molho liso. Prove — algumas mostardas são mais picantes e salgadas que outras — e então tempere com sal e pimenta-do-reino. Tampe novamente e agite apenas para misturar. Rende 6 porções. Combina com saladas, legumes grelhados e pode ficar na geladeira por até 5 dias.

MOLHO DE QUEIJO AZUL: 3 COLHERES (SOPA) DE QUEIJO AZUL (GORGONZOLA OU ROQUEFORT) AMASSADO COM UM GARFO · 1 DENTE DE ALHO · 1 POTE (170 G) DE IOGURTE NATURAL (SEM AÇÚCAR OU ADOÇANTE) · 1 COLHER (CHÁ) DE MOLHO INGLÊS · SAL.

Num pilão, bata bem o alho com uma pitada de sal e transfira para uma tigela. Junte o iogurte, o queijo azul e o molho inglês. Misture com um garfo, até formar um molho uniforme. Rende 4 porções. Combina com salada de folhas, crudités, legumes branqueados, e dura 3 dias na geladeira.

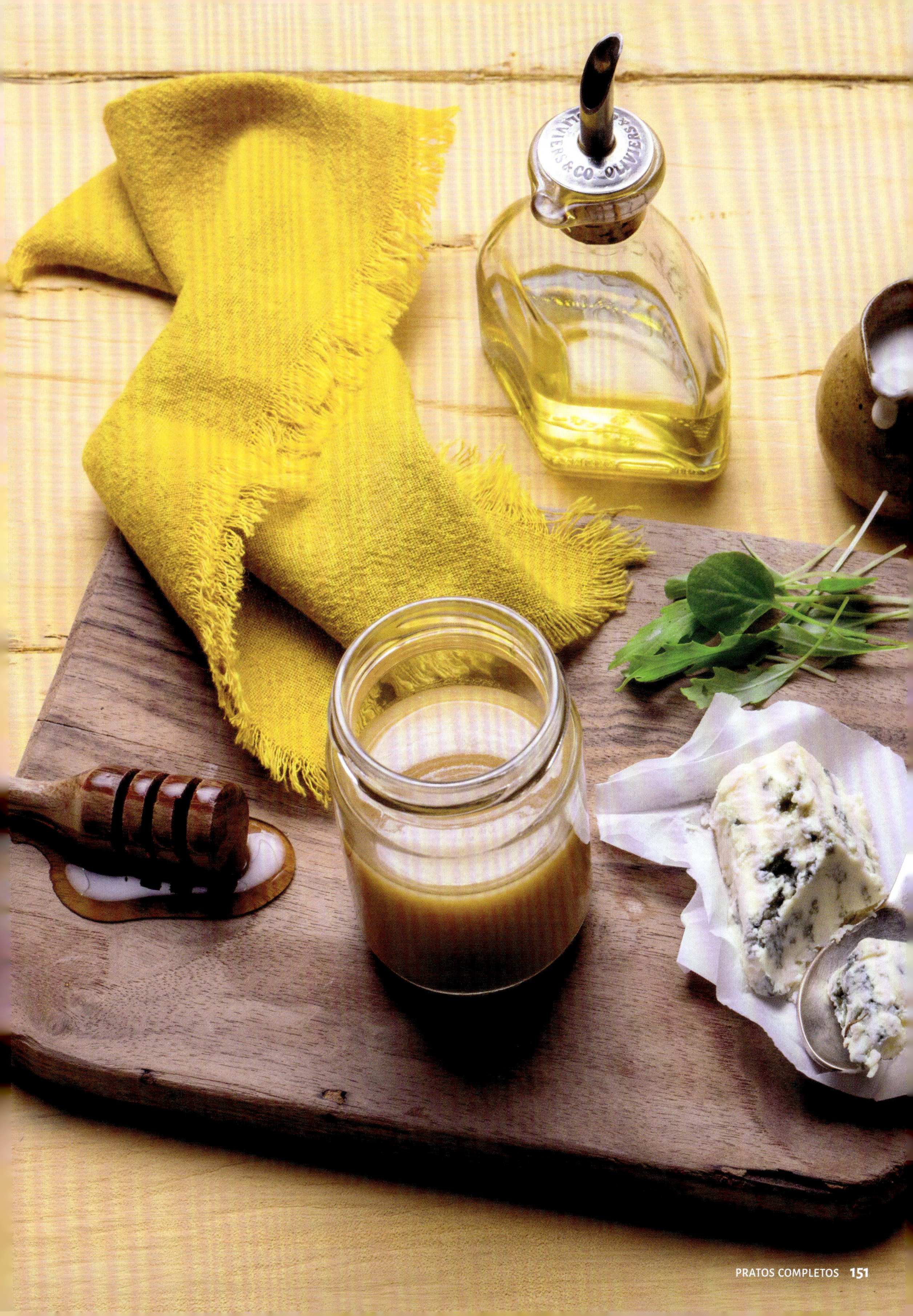

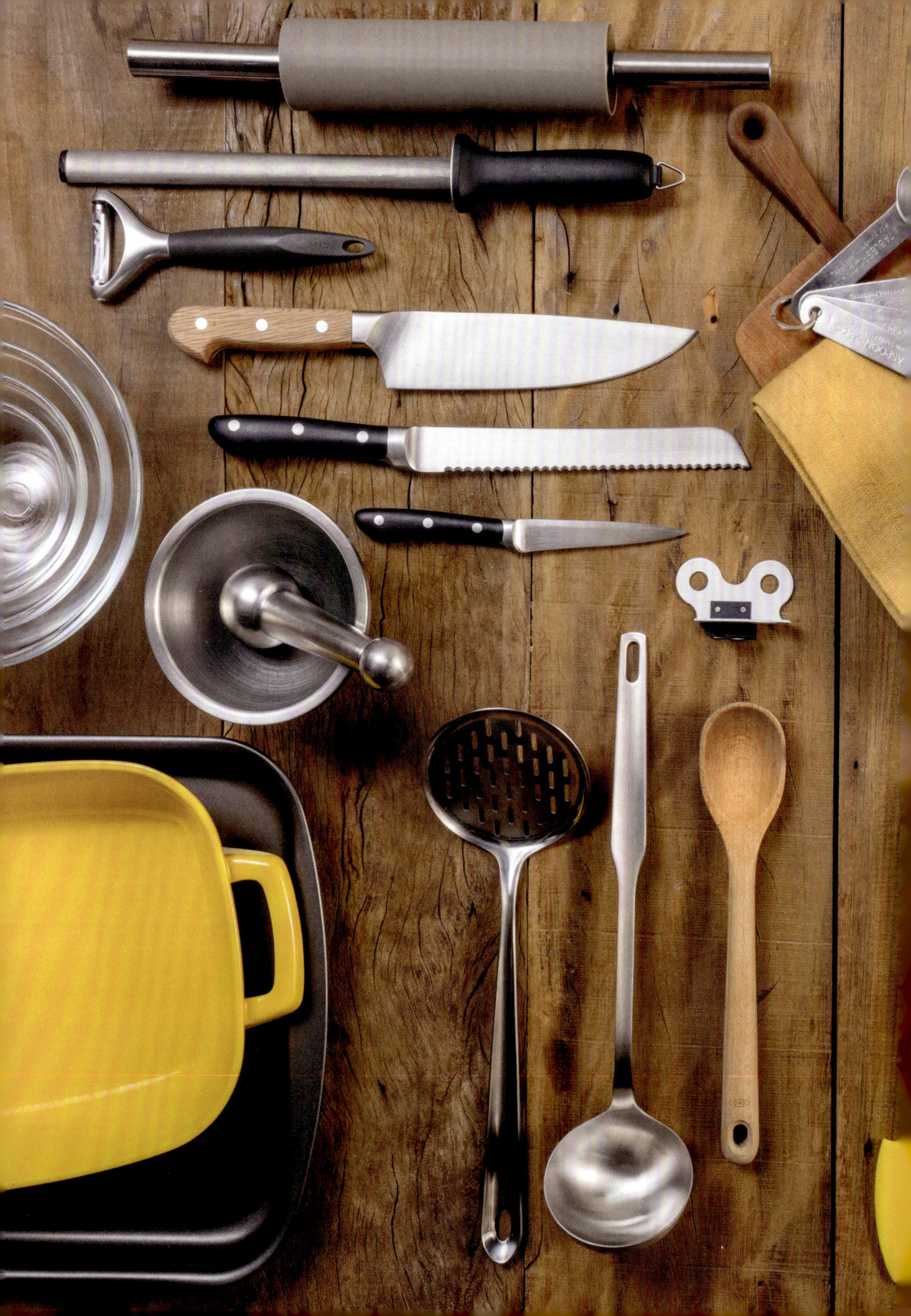

INGREDIENTES E UTENSÍLIOS

Pegue um atalho!

INGREDIENTES, UTENSÍLIOS E ELETRODOMÉSTICOS QUE FAZEM A DIFERENÇA: COM A AJUDA DESSES CAMARADAS, VOCÊ EVITA OS OBSTÁCULOS NO CAMINHO PARA A COMIDA DE VERDADE E ENCURTA O TEMPO DE PREPARO DAS REFEIÇÕES. SIGA POR AQUI!

CURINGAS NA DESPENSA

Alguns alimentos deveriam ser fixos na despensa de quem mora sozinho. Mesmo em dias corridos ou quando a geladeira está pedindo socorro, eles garantem comida de verdade na mesa e salvam a refeição.

CUSCUZ MARROQUINO: quer um acompanhamento rápido? Cuscuz é o nome dele! Basta jogar água ou caldo fervente e aguardar uns minutinhos para hidratar. Com frango desfiado e legumes grelhados, ganha status de prato completo. Vale misturar castanhas, passas, raspas de limão...

IOGURTE: entra no café da manhã, no molho da salada, na sobremesa e até em ensopados, em vez de usar o creme de leite. Saudável e versátil.

LEGUMES CONGELADOS: vão do freezer direto para a panela. Na p. 100, você aprendeu como congelar em casa diferentes legumes. Mas também vale usar ingredientes como ervilha, milho e espinafre, vendidos já congelados. Veja receitas no capítulo 5.

LENTILHA: não tem feijão pronto? Vá de lentilha! Não precisa ficar de molho e em meia hora está cozida. Além de um ensopado, vira sopa e salada.

MACARRÃO: dá até para ser feito em uma panela só, como mostra o capítulo 2. Invista no molho e seja feliz!

OVO: quem tem ovo na geladeira nunca fica na mão. Vai do café da manhã ao jantar e ainda é essencial em várias sobremesas.

TOMATE PELADO EM LATA: não confunda molho de tomate industrializado, que costuma ser ultraprocessado, com tomate pelado enlatado. Seja ele inteiro ou em cubos, é comida de verdade e um baita adianto na cozinha. Entra em ensopados, molhos e vira prato principal na receita de shakshuka (p. 48).

OUTROS ENLATADOS E CONSERVAS: grão-de-bico e feijão-branco em conserva entram na categoria dos alimentos processados, porque levam sal na composição. Mas não deixam de ser bons atalhos na cozinha. É só lembrar que eles devem ser coadjuvantes, não a base de todas as refeições. O mesmo vale para sardinha e atum em lata, que podem incrementar saladas, massas e molhos — basta usar com moderação.

ESPECIARIAS

Não confunda especiarias, que vêm da natureza, com tempero pronto, seja ele em cubinho ou em pó. As especiarias, que são temperos de origem vegetal, (flores, sementes, cascas, caules ou raízes), transformam completamente o sabor de outro alimento. Elas duram bastante tempo, mas vão perdendo a potência. Por isso, compre em pequenas quantidades e armazene em potes de vidro bem fechados e devidamente identificados. Quer coisa mais charmosa do que potinhos coloridos de especiarias na cozinha? Mas não é para deixar só de enfeite, não.

CANELA: apesar de ser mais utilizada no Brasil no preparo de doces, ela vai muito bem em pratos salgados, com carne vermelha, frango e até peixe. A versão em pó não dissolve muito bem, por isso, em sopas e caldos, melhor usar a canela em rama.

CARDAMOMO: perfumado e intenso, ele transforma o mais básico dos pratos em algo especial — faça o teste com o arroz branco. Também pode perfumar o café e sobremesas com chocolate. Evite a versão em pó e compre as bagas de cardamomo. Na hora de usar, abra as cápsulas, tire as sementes e triture num pilão.

CRAVO: parceiro da canela nos doces brasileiros, ele perfuma por onde passa. Um dentinho de cravo no caldo de carne, frango ou legumes faz toda a diferença. Aqui, não recomendo a versão em pó: é muito potente, fácil de errar a mão.

COMINHO: aromático e inconfundível, o cominho é uma das especiarias mais populares no Brasil, especialmente no Nordeste. Casa perfeitamente com grãos, como lentilha, feijão e grão-de-bico. Também combina com legumes e carnes.

CÚRCUMA: vem de uma raiz seca e moída. O sabor é sutil, levemente amargo, um pouco terroso. A cor, amarelo-intenso, colore o arroz da galinhada, pães e outras preparações.

NOZ-MOSCADA: compre a semente inteira, para ralar na hora, e deixe seu purê de batatas muito mais interessante. Molho béchamel e outras preparações com leite — doces, inclusive — também sobem vários degraus com a ajuda da noz-moscada.

PÁPRICA: a páprica doce é o pimentão seco e moído, que dá sabor e cor aos pratos. A versão defumada vem do pimentão que passou por defumação e é ótima para temperar legumes, porque dá um sabor intenso, que lembra um grelhado. Já a picante é a páprica misturada com pimenta-do-reino.

PIMENTA CALABRESA: é a pimenta vermelha seca, em flocos. Acrescenta aquela dose de emoção em pratos diversos — cuidado para não exagerar na dose!

PIMENTA-DO-REINO: na minha opinião, essa não dá pra não ter. Vai com praticamente tudo. Compre em grãos e moa na hora de usar.

PIMENTA SÍRIA: na verdade, é um tempero que combina várias especiarias, como pimenta-do-reino, pimenta-da-jamaica, cravo, canela e noz-moscada. Dá aquele toque das Arábias ao arroz com frango, à berinjela... Quem costuma comer quibe já provou pimenta síria!

SEMENTE DE COENTRO: se você é da turma que não curte coentro, pode experimentar sem medo: o sabor da semente não tem nada a ver com o da folha. Cítrica, aromática, leva frescor a pratos salgados e também pode ser usada em doces. Especiaria surpreendente.

SEMENTE DE ERVA-DOCE: lembra um pouco anis e deixa o bolo de fubá mais especial. Também é usada em pães e combina superbem com molho de tomate e, principalmente, com carne de porco.

ZÁTAR: entra na categoria de temperos, porque mistura várias especiarias e ervas, entre elas, tomilho, orégano e cominho. A composição varia. É muito usada em pratos árabes, como esfiha. Coloque umas pitadinhas de zátar na coalhada seca, com um pouco de azeite, e está pronta uma pastinha incrível para servir para os amigos.

ERVAS FRESCAS

Assim como as especiarias, as ervas têm o poder de acrescentar muito sabor com pouco esforço. A durabilidade não é longa como a dos ingredientes secos, mas há estratégias para poder contar sempre com elas. Veja a melhor forma de usar e conservar essas aliadas.

BOAS DE FORNO E FOGÃO: alecrim, sálvia, tomilho, louro e orégano são exemplos de ervas amigas do calor. Podem ir à panela e ao forno para liberar seus sabores e aromas aos poucos. Aromatizam assados, cozidos, ensopados e outras preparações.

DELICADAS: algumas ervas são mais sensíveis ao calor e devem ser consumidas cruas ou entrar somente na finalização das receitas, caso contrário perdem muito do próprio sabor. Cebolinha, coentro, endro, manjericão, hortelã e salsinha estão nessa categoria.

PARA GUARDAR NA GELADEIRA: logo após as compras, lave e seque bem as ervas. Envolva em papel-toalha e coloque num saco plástico. Segure o saco pelas pontas e gire, para que ele fique estufado. Outra alternativa é armazenar em potes de vidro ou de plástico, bem fechados. Deixe na parte mais baixa da geladeira. O tempo de validade varia de acordo com a erva e o frescor na hora da compra, mas pode chegar a 1 semana ou até 10 dias.

COMO CONGELAR: o primeiro passo é lavar e secar bem as ervas. Mas há outras alternativas. A melhor maneira de conservar o manjericão é preparando um molho pesto. Bata com castanha, alho, queijo e azeite e congele — para descongelar, bastam duas rodadas de 30 segundos no micro-ondas, mexendo o pesto entre elas. Salsinha e cebolinha podem ser picadas e guardadas em potes bem fechados (raspe com um garfo na hora de usar) ou ainda ir para formas de gelo com um pouquinho de água. Duram até 1 mês no congelador. A técnica de congelar ervas picadas só com azeite funciona para o alecrim, o tomilho e a sálvia. Depois que os cubos se formarem, desenforme e guarde em saquinhos, para organizar melhor o espaço no congelador. Conservadas dessa maneira, duram por até 3 meses. Os cubos vão do congelador para a panela, seja para fritar um bife ou entrar no refogado do feijão.

TEM LUZ AÍ? MONTE UMA MINI-HORTA! Se você tiver uma varanda, um quintal ou um cantinho da cozinha com iluminação natural, vale muito a pena cultivar ervas em vasos. É frescor garantido para alegrar a mesa e o astral da casa!

TEMPERO PRONTO
(CALMA, É CASEIRO!)

Combinações de ervas e especiarias na proporção certa para você ter à mão e usar no preparo de grelhados e outras receitas.

TEMPERO PARA AVES: lave, seque bem e pique fino as folhas de 2 galhos de alecrim. No pilão, triture ¼ de xícara (chá) de sal grosso com o alecrim picado, 1½ colher (sopa) de cúrcuma e 1 colher (sopa) de cominho. Se preferir, bata os ingredientes no modo pulsar do liquidificador ou no miniprocessador. Em um pote de vidro com fechamento hermético, ele dura até 3 meses. Utilize no lugar do sal para temperar frango (funciona inclusive no soro da p. 132), arroz e até pipoca!

TEMPERO PARA CARNE VERMELHA: lave, seque bem e debulhe as folhas de 3 galhos de tomilho. No pilão, triture ¼ de xícara (chá) de sal grosso com o tomilho debulhado, 1½ colher (sopa) de páprica e 2 colheres (chá) de canela em pó. Se preferir, bata os ingredientes no modo pulsar do liquidificador ou no miniprocessador. Armazenado em um pote de vidro com fechamento hermético, ele dura até 3 meses. Utilize no lugar do sal na hora de temperar bifes grelhados, carne moída e cozidos. Combina também com vegetais em geral. Experimente com batata-doce, berinjela, couve-flor e milho.

TEMPERO PARA CARNE DE PORCO: com uma tesoura, corte 12 folhas de louro secas em pedaços pequenos. Transfira para uma tigela e misture com ¼ de xícara (chá) de flor de sal, 1 colher (sopa) de sementes de erva-doce e 2 colheres (sopa) de açúcar demerara. Coloque num moedor de sal e utilize para temperar bisteca, lombo, pernil, costelinhas... Como leva só temperos secos, ele dura até 6 meses.

TEMPERO PARA PEIXES: no pilão, triture 2 colheres (chá) de sementes de coentro. Acrescente ¼ de xícara (chá) de sal grosso e 1 colher (sopa) de gengibre em pó. Bata mais para triturar o sal e misturar bem os sabores. Se preferir, bata os ingredientes no modo pulsar do liquidificador ou no miniprocessador. Armazenado em um pote de vidro com fechamento hermético, ele dura até 3 meses. Utilize no lugar do sal para temperar peixes grelhados, assados, fritos ou cozidos. Também pode ser misturado à farinha de rosca para incrementar empanados.

REFOGADINHOS
CONGELADOS

Tem cenoura e salsão de escanteio? E cebola? Então, olha só que jeito bom de economizar tempo no dia a dia e ainda combater o desperdício: refogue esses ingredientes e congele!

MIREPOIX: é uma combinação clássica de legumes aromáticos. Vai com tudo: sopas, arroz, cozidos... Ter esse refogadinho pronto no congelador é um trunfo! Leve uma frigideira ao fogo médio. Quando aquecer, regue com 1 colher (sopa) de azeite, junte 1 cebola picada fino e tempere com uma pitada de sal. Refogue por 2 minutos até murchar. Junte ½ cenoura passada na parte fina do ralador, 1 talo de salsão picado fino e refogue por mais 1 minuto. Acrescente mais 1 colher (sopa) de azeite, misture bem e desligue o fogo. Quando esfriar, embale o refogado em filme — coloque no meio de um pedaço quadrado e enrole as pontas, como se fosse papel de bala, para formar um rolinho. Dura 1 mês no congelador. Na hora de usar, corte uma fatia do rolinho congelado e coloque na panela com um fio de azeite, apenas para não grudar no fundo.

CEBOLA E ALHO: a dupla mais básica e versátil da cozinha também pode ser congelada já refogada, para adiantar a sua vida. Não viu? Então, volte lá na p. 126 para conferir!

ARSENAL BÁSICO DE COZINHA

Não deixe de cozinhar por falta de um utensílio. Mas saiba que ter os acessórios certos facilita muito a vida. Você não precisa gastar uma fortuna. É só não acreditar em milagre: panelas, facas e tábuas baratinhas não duram! Vale investir mais em alguns itens, mas dá para ser mais econômico em outros.

❶ FACA DE CHEF: o item número 1 de qualquer cozinha. As melhores são as de aço inox, com lâmina forjada no cabo — o metal vai de ponta a ponta, sem emenda. Os tamanhos variam, a partir de 20 cm. Com as maiores, é mais fácil cortar ingredientes grandes, como repolho ou abóbora. Se for investir em uma só, escolha o tamanho mais confortável para você.

❷ FACA DE PÃO: serrilhada e comprida, com cerca de 25 cm, para cortar sem amassar ou rasgar os pães.

❸ FACA DE LEGUMES: com lâmina entre 7 e 10 cm, ideal para cortar e descascar legumes e frutas.

❹ CHAIRA: faca cega é mais perigosa do que faca afiada — você acaba fazendo muita força, e o risco de acidentes aumenta. Por isso, é essencial manter o fio da faca em dia. A chaira, que parece uma espada cilíndrica, é o acessório indicado para isso.

❺ TÁBUAS: podem ser de bambu, madeira e polietileno — pessoalmente, não gosto desse último. Recomendações que valem para todas: precisam ser bem lavadas e secas depois de usadas, para não virar foco de contaminação. As de madeira e bambu podem ganhar uma camada de óleo mineral uma vez por mês. É só espalhar com um pano. O ideal é manter as tábuas em um local arejado. De tempos em tempos, devem ser trocadas, porque vão ficando muito riscadas. Tenha pelo menos duas: uma para doces e outra para salgados. Assim, a manga não fica com gosto de cebola, e vice-versa. Acredite, isso acontece!

❻ PANELAS GRANDE, MÉDIA E PEQUENA: aqui, vale a pena investir o quanto você puder para garantir um jogo de panelas de inox da melhor qualidade. Elas duram uma vida.

❼ PANELA DE PRESSÃO: reduz o tempo de cozimento dos alimentos para até um terço. Não precisa ter medo, é só seguir as dicas e regras de segurança da p. 69.

❽ FRIGIDEIRA ANTIADERENTE: sem ela, não há meio de a omelete ficar bonita ou a batata rosti dar certo. A frigideira requer cuidados, mas, mesmo assim o revestimento antiaderente não dura para sempre. Não use para fritar alimentos com muito óleo — ela não gosta de altas temperaturas —, somente para grelhar e refogar. Não dê choque térmico com água fria na frigideira pelando. E, claro, não raspe o fundo com utensílios de metal.

❾ FRIGIDEIRA DE BORDAS ALTAS: rainha da versatilidade, ela grelha o bife e o frango, serve para preparar risoto e macarrão e comporta até preparações com caldo. Mais sobre essa maravilha na p. 41.

❿ COLHERES DE MADEIRA OU BAMBU E ESPÁTULAS DE SILICONE: essenciais para misturar os alimentos na panela. Reserve uma para doces e tenha um modelo com cabo mais longo, para preparos que espirram (pense na polenta!).

⓫ ESCUMADEIRA: para tirar as frituras do óleo quente e os alimentos cozidos da água.

⓬ ESPÁTULA: serve para virar hambúrguer na chapa, legumes na assadeira...

⓭ PINÇA: ajuda a virar o frango ou o bife na frigideira e é útil para pegar alimentos quentes.

⓮ CONCHA: para sopas, caldos, molhos e o feijão nosso de todo dia.

⓯ MEDIDORES: essenciais para você acertar as minhas receitas — errou na proporção, mudou tudo. Uma xícara-padrão comporta 240 ml, e ainda há medidores para frações: ½, ⅓ e ¼ de xícara (chá). A colher de sopa equivale a 15 ml e a de chá, a 5 ml. O jogo básico de colheres medidoras tem 4 frações: ¼ de colher (chá), ½ colher (chá), 1 colher (chá) e 1 colher (sopa). Para líquidos, use uma jarra de vidro com marcação de até 2 xícaras.

⓰ TIGELAS: fundamentais para misturar preparações, marinar carnes, organizar os ingredientes. Prefira aquelas que não pegam cheiro, como as de vidro e de inox. Detalhe: vidro vai ao micro-ondas e inox não quebra.

⓱ ASSADEIRAS: uma grande e rasa, para assar legumes e biscoitos sem aperto; outra média e funda, para preparações com líquido.

⓲ ROLO DE MASSA: para abrir massas em geral — é mais eficiente do que o truque de rolar a garrafa de vinho.

⓳ PENEIRA: além de peneirar, serve para escorrer legumes e macarrão, para cozinhar no vapor e drenar a berinjela, entre outras funções. Invista numa de inox — as de plástico duram pouco e pegam cheiro.

⓴ DESCASCADOR: agiliza a tarefa de descascar legumes, faz lindas lascas de parmesão e ainda é útil para cortar fatias finas de legumes compridos, como abobrinha.

㉑ BATEDOR DE ARAME: também conhecido como fouet, bate a clara em neve, o creme de leite e não deixa o molho branco empelotar.

㉒ MANDOLIM: fatia um pepino inteiro e muitos outros legumes num piscar de olhos. Vale aqui um alerta: a lâmina afiada pede atenção dobrada para evitar acidentes.

㉓ PILÃO: para amassar (alho), triturar e macerar (especiarias). Os de inox não pegam cheiro e os de pedra são mais rápidos, por causa do atrito.

㉔ RALADOR: simples ou com até seis faces. Os maiores são mais confortáveis: ficam em pé sozinhos e têm cabo para apoiar a mão. Como em outros utensílios, prefira os de inox. Não abro mão também de um ralador de cítricos, para não ralar a parte branca da fruta, que amarga as receitas.

㉕ ABRIDOR DE LATA: para não passar apuro na hora de abrir a lata de grão-de-bico ou outras conservas. Deve estar sempre limpo e com o metal intacto. (Canhotos devem buscar um modelo adaptado.)

Índice de receitas

A

ABÓBORA GRELHADA COM MOLHO DE TAHINE | 137
ARROZ COM CARNE MOÍDA E IOGURTE CREMOSO | 90-91
ARROZ SÍRIO COM FRANGO | 42-43

B

BANANA GRELHADA | 24
BATATA ROSTI COM QUEIJO MEIA CURA | 46-47
BERINJELA E TOMATE ASSADOS COM ARROZ SETE GRÃOS | 81-83
BIFE COM PANZANELLA | 34-35
BIFE GRELHADO | 132
BISTECA COM FEIJÃO-BRANCO E BRÓCOLIS | 38-39
BOLINHOS DE BERINJELA COM ESCAROLA REFOGADA | 84-85
BOEUF BOURGUIGNON NA PRESSÃO | 105-107
BRÓCOLIS ASSADO COM ALHO | 138-139
BRÓCOLIS BRANQUEADO | 138-139
BRÓCOLIS GRELHADO COM SHOYU | 138-139

C

CENOURA GRELHADA | 140-141
COCOTTE DE TOMATE E QUEIJO | 50-51
COCOTTE COM ERVILHA E RICOTA | 50-51
COCOTTE DE COGUMELOS | 50-51
COUVE-FLOR ASSADA AGRIDOCE | 142-143
COUVE-FLOR COZIDA COM ALCAPARRAS E LIMÃO | 142-143
COUVE-FLOR GRELHADA | 142-143
CREME DE ESPINAFRE | 146-147
CREME DE MILHO | 148-149
CURRY DE FRANGO | 114-115
CUSCUZ DE MILHO | 28

E

ERVILHA REFOGADA COM BACON | 146-147
ESPINAFRE COM GRÃO-DE-BICO | 146-147

F

FAROFA COM TALOS DE ESPINAFRE | 146-147
FILÉ DE FRANGO GRELHADO | 132-133
FRANGO À CACCIATORE | 116-117

G

GALINHADA DE CUSCUZ MARROQUINO | 40-41

H

HOMUS DE CENOURA | 140-141

M

MACARRÃO À PUTANESCA | 54-55
MACARRÃO COM MOLHO DE CEBOLA | 56-57
MACARRÃO COM CAMARÃO E ALHO | 58-59
MAÇÃ ASSADA COM ESPECIARIAS NO MICRO-ONDAS | 24
MEDALHÃO DE LOMBO GRELHADO | 133
MILHO REFOGADO COM TOMATE | 148-149
MOLHO À BOLONHESA | 108-109
MOLHO DE MOSTARDA E MEL | 150
MOLHO DE QUEIJO AZUL | 150
MOLHO VINAGRETE FRANCÊS | 150
MUESLI FRESCO | 24

O

ORECCHIETTE COM BRÓCOLIS | 95

OVO COZIDO | 29
OVO MEXIDO | 29

P

PAPILOTE DE FRANGO COM BRÓCOLIS E CUSCUZ DE MILHO | 92-93
PANQUECA DE BANANA | 25
PASTINHA DE AVOCADO | 25
PEIXE COM BATATA E ESPINAFRE | 36-37
PERNIL NA CACHAÇA COM FAROFA DE COUVE E BANANA GRELHADA | 70-72
POLENTA GRELHADA COM ABOBRINHA E OVO FRITO | 89-90
PURÊ DE ABÓBORA COM MANTEIGA DE SÁLVIA | 136
PURÊ DE ERVILHA | 148-149

Q

QUIBE ASSADO COM CEBOLA | 110-111
QUIBE DE ABÓBORA COM RICOTA E MOLHO DE IOGURTE | 79-80

R

RAGU DE COSTELINHA DE PORCO | 112-113
REPOLHO GRELHADO COM BACON | 144-145
REPOLHO REFOGADO COM MAÇÃ | 144-145
RISOTO DE FUNGHI | 44-45
ROLINHO DE COUVE COM PERNIL | 72-73

S

SALADA DE ABOBRINHA, POLENTA MOLE E CARNE MOÍDA COM CEBOLA CARAMELIZADA | 86-89
SALADA DE CUSCUZ DE MILHO COM FRANGO E AVOCADO | 94
SALADA DE REPOLHO MACERADO | 144-145
SALADA DE SALMÃO COM FEIJÃO-BRANCO | 79
SALADA MARROQUINA DE CENOURA | 140-141
SALADA ORIENTAL DE ARROZ COM FRANGO | 66-67
SALMÃO ASSADO COM ABÓBORA E SALADA DE TRIGO | 76-78
SALMÃO EM CROSTA DE ERVAS | 133
SHAKSHUKA COM GRÃO-DE-BICO | 48-49
SOBRECOXA ASSADA, ARROZ E LENTILHA | 64-66
SOPA DE ERVILHA COM LIMÃO | 148-149
SOPA DE LENTILHA E PÃO COM PASTINHA DE ALHO | 67-68
SOPA DE TOMATE ASSADO | 85

T

TAPIOCA | 26-27
TORTINHA DE PERNIL COM VINAGRETE | 74-75

V

VIRADINHO DE MILHO COM PIMENTÃO AMARELO | 149

Índice remissivo

A

ABACATE, 25
ABÓBORA, 20, 63, 76-78, 80, 100, 123, 136-137, 160; GRELHADA COM MOLHO DE TAHINE, 137; PURÊ COM MANTEIGA DE SÁLVIA, 136; QUIBE DE RICOTA E MOLHO DE IOGURTE, 79-80; SOPA CREMOSA COM CURRY, 136
ABOBRINHA, 18, 35, 63, 87, 89-90, 123, 161; SALADA COM POLENTA MOLE E CARNE MOÍDA, 86-89
ABRIDOR DE LATA, 161
ACELGA, 18, 123
ACÉM, 105
AGRIÃO, 150

ALCAPARRAS, **142**
ALECRIM, **39**, **57**, **65**, **93**, **133**, **157-158**
ALFACE, **18**, **20-21**, **101**, **150**
ALHO-PORÓ, **82**
ALIMENTOS: CLASSIFICAÇÃO POR GRAU DE PROCESSAMENTO, **14-15**; ULTRAPROCESSADOS, **16-17**
ALMEIRÃO, **123**
AMENDOIM, **67**, **95**, **140-141**
ANCHOVA, **54**
ARROZ, **6-7**, **11**, **13**, **17**, **32**, **40**, **42-43**, **45**, **62**, **64**, **66-67**, **73**, **81-83**, **91**, **93**, **103**, **119**, **121-123**, **128-130**, **158-159**: COZIDO, **91**; BRANCO, **73**, **115**; COM CARNE MOÍDA E IOGURTE CREMOSO, **90**; E FEIJÃO, **7**, **11**, **13**, **119-123**; FRITO COM CENOURA E ABOBRINHA, **131**; QUANTIDADE, **128**; REAQUECIDO, **130**; REFOGADO, **129**; SETE GRÃOS, **83**; SÍRIO COM CARNE MOÍDA, **63**; SÍRIO COM FRANGO, **32**, **42**; SOBRAS DE, **131**
ASSADEIRAS, **161**
ASSOCIAÇÃO BRASILEIRA DE EMPRESAS DE BENEFÍCIOS AO TRABALHADOR, **13**
ATUM ENLATADO, **154**
AVEIA, **24**
AVOCADO, **94**: PASTINHA DE, **25**, SALADA COM FRANGO E, **92-94**
AZEITONAS PRETAS, **54**, **79**

B

BACON, **66**, **105-106**, **134**, **145**, **147**
BANANA, **24-25**, **70-73**: -DA-TERRA, **72**, **73**; GRELHADA, **24**, **63**, **71-72**; -NANICA, **24**, **73**; PANQUECA DE, **25**
BATATA, **47**, **107-108**, **121**, **123**; BOLINHA, **37**; PURÊ DE, **107**; ROSTI COM QUEIJO MEIA CURA, **46-47**
BATATA-DOCE, **123**, **158**
BATEDOR DE ARAME, **161**
BERINJELA, **18**, **62**, **81-85**, **123**, **156**, **158**, **161**: BOLINHOS COM ESCAROLA REFOGADA, **84-85**; E TOMATES ASSADOS COM ARROZ SETE GRÃOS, **81-83**
BETERRABA, **21**, **100**
BIFE: COM PANZANELLA, **32**, **34**; DE FRANGO COM MARINADA DE MANJERICÃO E LIMÃO, **102-103**; DE FRANGO COM MARINADA DE MEL, LARANJA E GENGIBRE, **102**; DE FRANGO COM MARINADA DE SHOYU, **103**
BISTECA DE PORCO COM FEIJÃO-BRANCO E BRÓCOLIS, **32**, **38-39**
BOEUF BOURGUIGNON NA PRESSÃO, **104-107**, **120**
BOLINHOS DE BERINJELA COM ESCAROLA REFOGADA, **84**
BRÓCOLIS, **18-19**, **38-39**, **63**, **92-93**, **95**, **98**, **100**, **139**: ASSADO COM ALHO, **139**; BRANQUEADO, **139**; GRELHADO COM SHOYU, **139**

C

CACHAÇA, **63**, **71**
CAFÉ DA MANHÃ, **11**, **13**, **18**, **22-29**, **73**, **94**
CAMARÃO, **52**: MACARRÃO COM ALHO E, **58-59**
CANELA, **24-25**, **62**, **80**, **91**, **132**, **146**, **155-156**, **158**: COMO USAR, **155**
CAPSAICINA, **67**, **71**
CARÁ, **123**
CARDAMOMO, **155**
CARDÁPIO SEMANAL, **18**
CARNE: DE PORCO, **32**, **38-39**, **112**, **132**, **156**; MOÍDA, **6**, **21**, **62**, **91**, **108**, **109**, **111**, **158**; MOÍDA COM CEBOLA CARAMELIZADA, **86-89**; TEMPERO PRONTO PARA, **158**
CASTANHA-DE-CAJU, **81**, **83**, **86-87**
CASTANHA-DO-PARÁ, **110**
CEBOLA: CARAMELIZADA, **43**, **47**, **62-63**, **80**, **86-89**, **91**; E ALHO CONGELADOS, **159**
CEBOLINHA, **41**, **66-67**, **88**, **121**, **148-149**, **157**
CENOURA, **21**, **44**, **45**, **67-68**, **82**, **100**, **105-106**, **109**, **121**, **125**, **140-141**, **148**, **159**: GRELHADA, **140**; HOMUS DE, **140**; SALADA MARROQUINA DE, **140**
CEREAIS, **123**
CHAIRA, **160**
CHUCHU, **101**
CIABATTA, **35**

COCOTTE: COM ERVILHA E RICOTA, **50-51**; DE COGUMELOS, **50-51**; DE TOMATE E QUEIJO, **50-51**
COENTRO, **35**, **39**, **41**, **58**, **65-66**, **71**, **78**, **82-84**, **94**, **112**, **115**, **157-158**; COMO USAR, **156**
COGUMELOS, **45**, **80**: -DE-PARIS, **51**, **104-106**
COLHERES DE MADEIRA OU BAMBU, **161**
COMINHO, **41**, **62**, **65-66**, **71**, **80-82**, **88**, **125**, **132-133**, **156**, **158**: COMO USAR, **155**
COMPRAS, **19-20**
CONGELAMENTO E DESCONGELAMENTO, **99-102**
CONCHA, **161**
CONGELADOR, **7**, **25-27**, **97-117**
CONTRAFILÉ, **35**, **132**
COSTELA DE PORCO EM RIPAS, RAGU, **112-113**
COUVE, **6**, **63**, **70-73**, **100**: ROLINHO COM PERNIL, **72-73**
COUVE-FLOR, **18-19**, **100**, **158**: ASSADA AGRIDOCE, **142-143**; COZIDA COM ALCAPARRAS E LIMÃO, **142-143**; GRELHADA, **142-143**
COXÃO DURO, **110**
CRAVO, **156**: COMO USAR, **155**; EM PÓ, **88**
CREME: DE ESPINAFRE, **146-147**; DE MILHO, **148-149**
CROÛTONS, **85**
CRUDITÉS, **150**
CÚRCUMA, **37**, **41**, **66**, **93**, **102**, **132**, **142**, **158**: COMO USAR, **155**
CURRY, **37**, **82**, **85**, **93**, **115**, **125**, **136**, **140**: DE FRANGO, **114-115**
CUSCUZ: DE MILHO, **11**, **28**, **63**; DE MILHO, SALADA COM FRANGO E AVOCADO, **92-94**; MARROQUINO, **32**, **40-41**, **117**, **120**, **123**, **154**

D

DAMASCO, **24**, **81**, **83**
DEGLAÇAR, **71**
DESCASCADOR, **161**

E

EMMENTAL, **84**
ENDRO, **147**, **157**
ENLATADOS, **49**
ERVA-DOCE, **71**, **78**, **82**, **112-113**, **116-117**, **133**, **158**: COMO USAR, **156**
ERVAS, **157**
ERVILHA, **51**, **89-90**, **123**, **154**: PURÊ DE, **148**; REFOGADA COM BACON, **146-147**; SOPA DE, **148**; -TORTA, **41**
ESCAROLA, **63**, **84-85**, **150**
ESCUMADEIRA, **161**
ESPÁTULAS, **161**
ESPECIARIAS, **155**
ESPINAFRE, **37**, **67-68**, **146-147**, **154**: COM GRÃO-DE-BICO, **146-147**; CREME DE, **146-147**; FAROFA COM TALOS DE, **146**

F

FACAS, **160**
FARFALLE, **54**
FARINHA: DE MILHO, **92**; DE MILHO FLOCADA, **28**, **72**, **146**, **149**; DE ROSCA, **74**, **84**, **158**
FAROFA: COM TALOS DE ESPINAFRE, **146**; DE COUVE, **70-72**; DE PÃO E CASTANHA-DE-CAJU, **86-87**
FEIJÃO, **7**, **119**, **121**, **124**, **155**: ANDU, **124**; BRANCO, **38-39**, **49**, **63**, **79**, **124**, **154**: CARIOCA, **124**; COZIMENTO, **125**; DEMOLHO CURTO, **125**; E ARROZ, **7**, **11**, **13**, **119-123**; FRADINHO, **124**; MANTEIGUINHA, **124**; MOLHO E REMOLHO, **124**; PARA CONGELAR, **126**; PARA DESCONGELAR, **127**; PRETO, **124**; QUANTIDADE, **124**; RAJADO, **124**; REFOGADO, **125**; ROSINHA, **124**
FOUET, **161**
FRANGO, **33**, **40-43**, **63-65**, **67**, **78**, **92-94**, **99**, **102-103**, **115**, **117**, **122**, **132**, **154-155**, **158**, **161**: À CACCIATORE, **116-117**; COXAS DE, **116-117**; FILÉS DE PEITO DE, **93-94**; PEITO DE, **115**; SOBRECOXAS DE, **65-66**; TEMPERO PRONTO PARA, **158**
FREEZER, **99**, **106**
FRIGIDEIRA: ANTIADERENTE, **160**; DE BORDAS ALTAS, **41**, **160**

FRUTAS, **21**, **24**, **123**; CONGELADAS, **25**
FUBÁ, **89**
FUNGHI, **44-45**
FUSILLI, **54**

G
GALINHADA DE CUSCUZ MARROQUINO, **40-41**
GELEIA: DE ABACAXI, **74**; DE DAMASCO, **74**; DE LARANJA, **74**
GENGIBRE, **24**, **39**, **65-66**, **71**, **82**, **102**, **115**, **133**, **140**, **158**
GERGELIM, **66-67**, **137**, **145**: ÓLEO DE, **103**
GORGONZOLA, **150**
GRÃO-DE-BICO, **15**, **39**, **79**, **121**, **123**, **140-141**, **154-155**, **161**: ESPINAFRE COM, **146-147**; SHAKSHUKA COM, **48-49**
GRELHADOS, **7**, **103**, **120**: BIFE, **132**, **134**; BRÓCOLIS, **139**; FILÉ DE FRANGO, **132**; MEDALHÃO DE LOMBO, **133**; REPOLHO, **145**; SALMÃO EM CROSTA DE ERVAS, **133**
GRUPOS ALIMENTARES, **122**
GRUYÈRE, **84**

H
HOMUS DE CENOURA, **140**
HORTALIÇAS, **123**
HORTELÃ, **78**, **89-91**, **110-111**, **148**, **157**

I
INHAME, **123**
IOGURTE, **6**, **15**, **24-25**, **62-63**, **80**, **91**, **101**, **111**, **123**, **150**, **154**: E ERVAS, **62-63**; MOLHO DE, **79-80**

J
JABUTICABA, **123**
JACA, **123**

L
LARANJA-BAÍA, **140**
LEGUMES, **7**, **12**, **15**, **18**, **21**, **65**, **81-82**, **85**, **93**, **120**, **122-123**, **125**, **134**, **154**, **156**, **158**: BRANQUEADOS, **100**, **150**
LEGUMINOSAS, **15**, **121**, **123**
LEITE DE COCO, **115**
LENTILHA, **42-43**, **63-68**, **121**, **123**, **154-155**: SOBRECOXA, ARROZ E, **64-66**
LIMÃO-SICILIANO, **65**, **112-113**
LINHAÇA DOURADA, **24**
LOURO, **65-66**, **71**, **105**, **112-113**, **115**, **125**, **129**, **136**, **145**, **157-158**

M
MAÇÃ, **20**, **134**, **140**, **145**: ASSADA COM ESPECIARIAS NO MICRO-ONDAS, **24**; FUJI, **24**, **64-65**; MINI, **24**, **140**, **145**
MACARRÃO, **6**, **13**, **19**, **32**, **52**, **54**, **57-58**, **75**, **95**, **113**, **121-123**, **154**, **161**: À PUTANESCA, **54-55**; COM CAMARÃO E ALHO, **58-59**; COM MOLHO DE CEBOLA, **56-57**
MANDIOCA, **100-101**, **122-123**
MANDIOQUINHA, **100**, **123**
MANDOLIM, **161**
MANGA, **123**
MANJERICÃO, **49**, **51**, **54**, **85**, **90**, **102-103**, **157**
MAPLE SYRUP, **25**
MARACUJÁ, **123**
MEDIDORES, **161**
MEL, **24-25**, **27**, **62**, **71**, **81-82**, **102**, **140**, **142**, **150**
MELADO DE CANA, **71**
MELANCIA, **101**
MELÃO, **101**
MILHO, **123**, **154**: CREME DE, **148**; REFOGADO COM TOMATE, **148-149**; VIRADINHO COM PIMENTÃO AMARELO, **149**

MINIMAÇÃ, **24**, **140**, **145**
MIREPOIX, **159**
MOLHOS: À BOLONHESA, **108-109**; BÉCHAMEL, **156**; CURRY, **140**; DE IOGURTE, **80**; DE MOSTARDA E MEL, **150**; DE QUEIJO AZUL, **139**, **150**; VINAGRETE FRANCÊS, **150**
MOLHO INGLÊS, **88**, **150**
MORANGO, **24-25**
MOSTARDA DE DIJON, **150**
MUÇARELA, **47**, **84**
MUESLI FRESCO, **23-24**
MÚSCULO, **105**

N
NOZ-MOSCADA, **24**, **51**, **80**, **107**, **109**, **145**, **147**, **156**
NOZES, **24**, **78**, **91**, **110-111**
NÚCLEO DE PESQUISAS EPIDEMIOLÓGICAS EM NUTRIÇÃO E SAÚDE – NUPENS, **12**, **165-166**

O
ORECCHIETTE COM BRÓCOLIS, **95**
ORÉGANO, **133**, **156-157**
ORGANIZAÇÃO, **20-21**
OVO, **21**, **25**, **49**, **51**, **84**, **122-123**, **154**:COZIDO, **29**, **48**; EXPRESS, **51**; FRITO, **89-90**, MEXIDO, **29**

P
PANELAS, **160**: DE PRESSÃO, **69-71**, **101**, **104**, **106**, **113**, **124-125**
PANQUECA DE BANANA, **25**
PANZANELLA, BIFE COM, **32**, **34-35**, **120**
PÃO: AMANHECIDO, **87**; COM PASTINHA DE ALHO, **68**; ITALIANO, **35**, **49**, **68**; NA CHAPA, **26**
PAPILOTE DE FRANGO COM BRÓCOLIS E CUSCUZ DE MILHO, **92-93**
PÁPRICA, **39**, **49**, **67-68**, **82**, **85**, **88**, **93**, **95**, **112-113**, **116**, **125**, **132-133**, **140-142**, **146**, **148**, **158**: PICANTE, **49**, **95**, **112**, **146**, **148**
PARMESÃO, **51**, **57**, **95**, **147**, **161**: RALADO EM CASA, **45**
PASTINHA DE AVOCADO, **25**
PATINHO, **88**, **109-110**
PÊ-EFE, **7**, **17**, **119-123**, **132**, **134**
PEITO BOVINO, **40**, **43**, **93**, **105**
PEIXE, **132**: COM BATATA E ESPINAFRE, **36-37**; TEMPERO PRONTO PARA, **158**
PENEIRA, **161**
PENNE, **54**, **57**
PEPINO, **94**, **101**, **111**, **161**
PERNIL SUÍNO, **69**, **73-74**: NA CACHAÇA COM FAROFA DE COUVE E BANANA GRELHADA, **70-71**, ROLINHO DE COUVE COM, **72-73**; TEMPERO PARA, **158**; TORTINHA COM VINAGRETE, **74-75**
PILÃO, **161**
PIMENTA: CALABRESA, **49**, **54**, **82**, **85**, **95**, **112-113**, **116-117**, **142**, **156**; -DA-JAMAICA, **156**; DEDO-DE-MOÇA, **66-67**, **71**, **103**; -DE-CAIENA, **49**, **68**, **82**, **85**, **148-149**; -DO-REINO, **35**, **37**, **39**, **41**, **43**, **45**, **47**, **49**, **51**, **57-58**, **65-68**, **71-73**, **75**, **77-79**, **82-85**, **87-91**, **93-94**, **105**, **107**, **109**, **111**, **113**, **116**, **126**, **131-133**, **136-137**, **139-140**, **142**, **146-150**, **156**; SÍRIA, **43**, **80**, **91**, **110-111**
PIMENTÃO, **18**, **49**, **62**, **71**, **81-82**, **85**, **98**, **100**, **116-117**, **125**, **149**, **156**
PINÇA, **161**
POLENTA, **86**, **90**, **108**: GRELHADA COM ABOBRINHA E OVO FRITO, **89-90**; MOLE, **6**, **86**, **88-89**
POLVILHO DOCE, **26-27**
PURÊ: DE ABÓBORA COM MANTEIGA DE SÁLVIA, **136**; DE BATATA, **107**; DE ERVILHA, **148**

Q
QUEIJO: AZUL, **150**; DE COALHO, **123**; MEIA CURA, **27**, **47**; MINAS, **80**; PARMESÃO, **45**, **54**, **57**, **84**, **89**, **95**, **147**
QUIABO, **20**, **40-41**, **123**

QUIBE: ASSADO COM CEBOLA, **110**; DE ABÓBORA COM RICOTA E MOLHO DE IOGURTE, **79-80**

R ....
RAGU DE COSTELINHA DE PORCO, **112-113**
RAÍZES, **123**
RALADOR, **161**
REAPROVEITAMENTOS: **61**: ARROZ COM CARNE MOÍDA E IOGURTE CREMOSO, **90**; BOLINHOS DE BERINJELA COM ESCAROLA REFOGADA, **84-85**; ORECCHIETTE COM BRÓCOLIS, **95**; PÃO COM PASTINHA DE ALHO, **68**; POLENTA GRELHADA COM ABOBRINHA E OVO FRITO, **89**; QUIBE DE ABÓBORA COM RICOTA E MOLHO DE IOGURTE, **79**; ROLINHO DE COUVE COM PERNIL, **72**; SALADA DE CUSCUZ DE MILHO COM FRANGO E AVOCADO, **94**; SALADA DE SALMÃO COM FEIJÃO-BRANCO, **79**; SALADA ORIENTAL DE ARROZ COM FRANGO, **66**; SOPA DE LENTILHA E PÃO COM PASTINHA DE ALHO, **67**; SOPA DE TOMATE ASSADO, **85**; TORTINHA DE PERNIL COM VINAGRETE, **74**
REFOGADINHOS CONGELADOS, **159**
REPOLHO, **20**, **100**, **123**, **134**, **160**: GRELHADO COM BACON, **145**; REFOGADO COM MAÇÃ, **145**; SALADA DE, **145**
RICOTA, **51**, **63**, **80**, **85**, **123**
RISONI NA MANTEIGA, **113**
RISOTO DE FUNGHI, **44-45**
ROBALO, **37**
ROLINHO DE COUVE COM PERNIL, **72-73**
ROLO DE MASSA, **161**
ROQUEFORT, **150**
RÚCULA, **20**, **46-47**, **150**

S ....
SALADA: DE ABOBRINHA, **6**, **86-89**; DE CUSCUZ DE MILHO COM FRANGO E AVOCADO, **94**; DE PEPINO COM IOGURTE, **111**; DE REPOLHO MACERADO, **145**; DE SALMÃO COM FEIJÃO-BRANCO, **79**; DE TRIGO, **77**; MARROQUINA DE CENOURA, **140**; ORIENTAL DE ARROZ COM FRANGO, **66**
SALMÃO, **39**, **63**, **76-79**, **133**: ASSADO COM ABÓBORA E SALADA DE TRIGO, **76-78**; EM CROSTA DE ERVAS, **133**; SALADA COM FEIJÃO-BRANCO, **79**
SALSÃO, **44-45**, **66-68**, **100**, **105-106**, **109**, **148**, **159**
SALSINHA, **35**, **45**, **58**, **75**, **79-80**, **84**, **88**, **91**, **94**, **105-106**, **113**, **142**, **145**, **149**, **157**
SÁLVIA, **65**, **93**, **136**, **157**
SARDINHA ENLATADA, **154**

SASSAMI, **43**, **115**
SCARPETTA, **54**
SHAKSHUKA, **51**, **120**, **154**: COM GRÃO-DE-BICO, **48-49**
SHOYU, **66-67**, **103**, **139**
SINGER, **105**
SOBRECOXA, **67**, **115**: ASSADA, ARROZ E LENTILHA, **64-66**
SOPA: CREMOSA DE ABÓBORA COM CURRY, **136**; DE ERVILHA COM LIMÃO, **148**; DE LENTILHA E PÃO COM PASTINHA DE ALHO, **64-66**; DE TOMATE ASSADO, **85**

T ....
TÁBUAS, **160**
TAHINE, **137**, **140-142**: MOLHO DE, **137**
TALHARIM, **52**, **58**
TANGERINA, **123**
TAPIOCA, **11**, **26-27**
TEMPEROS PRONTOS, **158**
TIGELAS, **161**
TOMATES, **20**, **41**, **49**, **54**, **62**, **75**, **81-82**, **106**, **108-109**, **117**, **125**, **156**: ASSADOS, **85**; -CEREJAS, **51**, **93**, **148-149**; EXTRATO DE, **71**, **78**, **105**; GRAPE, **93-94**; MOLHO DE, **48**; PELADOS, **112-113**, **116**, **154**
TOMILHO, **57**, **65**, **93**, **105**, **113**, **133**, **156-158**
TORTINHA DE PERNIL COM VINAGRETE, **74-75**
TRIGO, **80**, **123**: FINO, **110**; PARA QUIBE, **78**; SALADA DE, **78**
TUBÉRCULOS, **123**

U ....
UVA, **20**, **62**, **91**, **123**
UVAS-PASSAS, **24**, **62**, **91**, **140**

V ....
VAGEM, **41**, **100**; HOLANDESA, **35**
VINAGRE BALSÂMICO, **34-35**, **85**, **145**
VINAGRETE, **74-75**; FRANCÊS, **150**
VINHO: BRANCO, **56-57**, **93**, **109**; TINTO, **45**, **105**, **112**, **116**, **150**
VIRADINHO DE MILHO COM PIMENTÃO AMARELO, **149**

Z ....
ZÁTAR, **156**

PRODUÇÃO DE OBJETOS

Além dos itens do meu acervo de produção e das louças do Acervo Panelinha, para as fotos deste livro também foram usados objetos emprestados pelas seguintes lojas e marcas:

Camicado, Carol Lamaita Cerâmica, Cerâmica Naoko, Ceraflame, Copa&Cia, Estudio Avelos, Estudio POD, Fuchic, Flavia Mendes Cerâmica, Il Casa Lingo, Lab Chama, Le Creuset, Mameg, Muriqui Ceramica, Olaria Paulistana, Omnitex, Oxford, Rita Martani Cerâmicas, Spiral Cerâmicas, Sweet Home Decor, Tok&Stok, Utilplast, Zwilling.

Sobre a autora

Para **RITA LOBO**, cozinhar é como ler e escrever: todo mundo deveria saber. E como ela se esforça para que todo mundo saiba! Rita é criadora e diretora geral do Panelinha e tem atuação destacada como defensora da alimentação saudável e da comida de verdade.

Autora *best-seller*, Rita já publicou oito livros, entre eles *Panelinha: Receitas que Funcionam, Cozinha de Estar, Pitadas da Rita, O Que Tem na Geladeira?* e *Cozinha Prática*.

Na TV, ela criou, apresenta e produz o *Cozinha Prática*, um dos programas de maior sucesso do canal a cabo GNT.

No canal Panelinha no YouTube, Rita conduz, entre outras séries, o programa tira-dúvidas *Rita, Help!*.

Em 2017, em parceria com o Senac, lançou o projeto 'Já pra Cozinha', do qual este livro faz parte.

Sobre o Panelinha

Criado e dirigido por Rita Lobo, o Panelinha foi lançado como site de receitas no ano 2000 e hoje é também editora de livros, produtora de TV e canal no YouTube. Em todas as mídias, a missão é a mesma: levar as pessoas para a cozinha.

Desde 2016, o Panelinha mantém um convênio com o NUPENS (Núcleo de Pesquisas Epidemiológicas em Nutrição e Saúde, da Faculdade de Saúde Pública da Universidade de São Paulo), grupo que coordenou a produção do *Guia Alimentar para a População Brasileira*, documento do Ministério da Saúde. E ainda tem uma parceria com a Sociedade Brasileira de Cardiologia.

Em 2018, ampliando sua atuação, a empresa lançou o Acervo Panelinha, marca de produtos de mesa e cozinha. E em 2019, abriu a Loja Panelinha, em parceria com a Amazon.

Consultoria nutricional

Dr. Carlos Augusto Monteiro, médico sanitarista, professor titular do Departamento de Nutrição da Faculdade de Saúde Pública da Universidade de São Paulo (USP), coordenador científico do Núcleo de Pesquisas Epidemiológicas em Nutrição e Saúde (NUPENS/USP), membro do Comitê de Especialistas da Organização Mundial da Saúde sobre Dieta e Saúde e responsável técnico pela elaboração do *Guia Alimentar para a População Brasileira* (Ministério da Saúde). Em 2019, Monteiro entrou para a lista dos cientistas mais influentes do mundo — *Highly Cited Researchers* (pesquisadores altamente citados) —, organizada pela empresa norte-americana Clarivate Analytics.

Dra. Patrícia Constante Jaime, nutricionista, professora associada do Departamento de Nutrição da Faculdade de Saúde Pública da USP, vice-coordenadora do Núcleo de Pesquisas Epidemiológicas em Nutrição e Saúde (NUPENS/USP), mestre e doutora em Saúde Pública e pós-doutora em Epidemiologia Nutricional pela USP e em Políticas Públicas de Alimentação e Nutrição pela London School of Hygiene and Tropical Medicine, no Reino Unido. Foi coordenadora técnica-geral do *Guia Alimentar para a População Brasileira*.

Dra. Carla Adriano Martins, nutricionista e técnica em Cozinha. Mestre em Nutrição, com ênfase em Nutrição em Produção de Refeições, pela Universidade Federal de Santa Catarina (UFSC), e doutora em Ciências, com ênfase em Nutrição em Saúde Pública, pela FSP/USP. Atualmente é professora do Departamento de Nutrição da FSP/USP e pesquisadora de pós-doutorado do NUPENS/USP, onde desenvolve pesquisas sobre culinária e seu impacto no consumo alimentar.

Dra. Camila Borges, nutricionista e doutora em Nutrição em Saúde Pública pela FSP/USP, com doutorado-sanduíche na Universidade de Zaragoza, na Espanha. Atuou como facilitadora da Estratégia Amamenta e Alimenta Brasil, do Ministério da Saúde, entre 2012 e 2015, e é pós-doutoranda do Departamento de Nutrição da FSP/USP.

Dra. Daniela Canella, nutricionista, professora-adjunta do Instituto de Nutrição da Universidade Estadual do Rio de Janeiro (UERJ), mestre e doutora em Nutrição em Saúde Pública pela Faculdade de Saúde Pública da USP. Pós-doutorada pela Universidade Federal de São Paulo (UNIFESP). Tem experiência na área de Alimentação e Nutrição em Saúde Coletiva.

Giovana Calixto, nutricionista, doutoranda no Departamento de Saúde Coletiva da Faculdade de Medicina da USP (FMUSP). Tem mestrado no Departamento de Medicina Preventiva pela FMUSP. Tem experiência no campo da alimentação e nutrição em saúde coletiva, atuando principalmente no campo de epidemiologia nutricional.

Copyright © by Rita Lobo, 2019
Grafia atualizada segundo o Acordo Ortográfico da Língua Portuguesa de 1990, que entrou em vigor no Brasil em 2009.

EDITORA PANELINHA

PUBLISHER
Rita Lobo

DIRETOR
Ilan Kow

COORDENAÇÃO EDITORIAL
Victoria Bessell de Jorge

PROJETO GRÁFICO E DIAGRAMAÇÃO
Estúdio Claraboia

REDAÇÃO
Patricia Oyama

EDIÇÃO DE TEXTO
Rafael Barion

PREPARAÇÃO DE TEXTO
Carlos A. Inada

REVISÃO
Isabel Jorge Cury

ÍNDICE REMISSIVO
Maria Claudia Carvalho Mattos

CHEF DE COZINHA
Carolina Stamillo

CULINARISTAS
Ana Paula Almagro
Gabriela Funatsu
Larissa Tortola

PRODUÇÃO DE ARTE
Priscila Mendes (coordenação de arte e foodstyling)
Amanda Fiorentino (produção de arte)
Mariana Candido (assistente de arte)

FOTOS
Guillermo White
Gilberto Oliveira Jr.

TRATAMENTO DE IMAGEM
Gilberto Oliveira Jr.

EQUIPE ONLINE
Heloisa Lupinacci (editora)
Natália Mazzoni (editora-assistente)
Camilla Demario (redatora)

ASSISTENTE ADMINISTRATIVA
Elaine Ferreira de Almeida

AUXILIAR DE LIMPEZA
Claudia Aparecida Soares dos Santos

Todos os direitos reservados à EDITORA PANELINHA
Al. Lorena, 1304, cj. 1307 · CEP 01424-000
São Paulo – SP
www.panelinha.com.br
panelinha@panelinha.com.br

ADMINISTRAÇÃO REGIONAL DO SENAC NO ESTADO DE SÃO PAULO

PRESIDENTE DO CONSELHO REGIONAL
Abram Szajman

DIRETOR DO DEPARTAMENTO REGIONAL
Luiz Francisco de A. Salgado

SUPERINTENDENTE UNIVERSITÁRIO E DE DESENVOLVIMENTO
Luiz Carlos Dourado

EDITORA SENAC SÃO PAULO

CONSELHO EDITORIAL
Luiz Francisco de A. Salgado
Luiz Carlos Dourado
Darcio Sayad Maia
Lucila Mara Sbrana Sciotti
Luís Américo Tousi Botelho

GERENTE | PUBLISHER
Luís Américo Tousi Botelho

COORDENAÇÃO EDITORIAL
Verônica Pirani de Oliveira

PROSPECÇÃO
Andreza Fernandes dos Passos de Paula, Dolores Crisci Manzano, Paloma Marques Santos

ADMINISTRATIVO
Marina P. Alves

COMERCIAL
Aldair Novais Pereira

COMUNICAÇÃO E EVENTOS
Tania Mayumi Doyama Natal

IMPRESSÃO E ACABAMENTO
Maistype

Proibida a reprodução sem autorização expressa
Todos os direitos desta edição licenciados à
EDITORA SENAC SÃO PAULO
Av. Engenheiro Eusébio Stevaux, 823
Prédio Editora – Jurubatuba
CEP 04696-000 – São Paulo – SP
Tel. (11) 2187-4450
editora@sp.senac.br
https://www.editorasenacsp.com.br

JÁ PRA COZINHA

RITA LOBO

Comida de Bebê
Com o apoio de médicos e nutricionistas, Rita Lobo traz as respostas para as dúvidas mais comuns da fase de introdução alimentar e ainda ajuda a família a comer com mais saúde, mais sabor e muito mais prazer. Venha descobrir como o pê-efe vai virar o pê-efinho do bebê.

Cozinha a Quatro Mãos
Rita Lobo apresenta receitas para jantares rápidos, pê-efes, marmitas, brunch, happy hour. Todos os cardápios vêm com plano de ataque – um guia com instruções detalhadas para preparar refeições saudáveis a quatro mãos, em menos tempo e sem pesar para ninguém.

Só Para Um
Os capítulos deste livro foram pensados a partir dos principais obstáculos da cozinha para um. Além de receitas saborosas e muitas técnicas culinárias, Rita Lobo traz soluções para evitar o desperdício, dicas para armazenar os alimentos, um arsenal básico de utensílios e até orientações para lavar a louça. É um excelente incentivo para você manter uma alimentação saudável e ainda se divertir na cozinha.

ACOMPANHE O TRABALHO DA RITA E DO PANELINHA:

SITE www.panelinha.com.br
INSTAGRAM @ritalobo | @panelinha_ritalobo | @cozinhapanelinha | @acervopanelinha
FACEBOOK páginas Rita Lobo e Panelinha
YOUTUBE Panelinha (www.youtube.com/sitepanelinha)
TWITTER @ritalobo | @panelinha